「平和都市」ヒロシマのまがりかど

広島市平和推進基本条例の制[illegible]検証する

宮崎 園子 Miyazaki sonoko
田村 和之 Tamura kazuyuki
金子 哲夫 Kaneko tetsuo
本田 博利 Honda hirokazu
向井 均 Mukai hitoshi
橋本 和正 Hashimoto kazumasa
渡部 久仁子 Watanabe kuniko
湯浅 正恵 Yuasa masae

西日本出版社

まえがき

痛々しい姿をさらし、無言で佇み続ける、広島市の原爆ドーム。かつて「広島県物産陳列館」「広島県産業奨励館」と呼ばれていたその建物の前で、2023年10月13日以来1年にわたり、一日も欠かさず続いた営みがあった。雨の日も、雪の日も——。

市民団体「広島パレスチナともしび連帯共同体」の人たちが始めた、イスラエルによるパレスチナ自治区でのジェノサイド（集団殺戮）への抗議行動。毎日夕方、この場所でキャンドルを灯し、行き交う人たちに訴える。学生や教員、NGO職員、芸術家、作家、ジャーナリスト、会社員、外国人労働者など、宗教も世代も越え、一人またひとり、仲間を増やしながら集い続ける。「広島は、核兵器によるジェノサイドを経験した地として、独自の歴史と責任があり、そして平和をつくりだす力がある」。それが、この地で抗議行動を続ける理由だ。共同体は、世界情勢に対する広島市の姿勢を問うべく、オンライン署名サイト「change.org」で署名を集めて広島市や広島市議会に届けるなど、具体的で積極的な行動を続けてきた。

ガザ侵攻が始まった2023年、「平和都市・広島」では、その足元を大きく揺るがすいくつもの「事件」が起きた。

まずは2月、広島市教委が、故・中沢啓治さんの『はだしのゲン』を、小学校の平和学習教材から削除したことが、地元紙の報道によって明らかになった。中学校の平和学習教材からは、アメリカの核実験により、太平洋を航行中の日本のマグロ漁船、第五福竜丸などが被曝したビキニ事件（ブラボー実験）の記述が消えた。

5月には、広島1区選出の岸田文雄総理大臣が議長を務めた広島開催のG7サミットにおいて、主要7カ国と欧州連合が、「広島ビジョン」の名の下、核抑止力を肯定する内容の共同声明を発出した。「我々の安全保障政策は、核兵器は、それが存在する限りにおいて、防衛目的のために役割を果たし、侵略を抑止し、並びに戦争及び威圧を防止すべきとの理解に基づいている」。核兵器保有国であるアメリカ、イギリスとフランスの3カ国、そして、核の傘の下にあるドイツ、イタリア、カナダ、そして日本の4カ国は、核兵器には戦争を防ぐ役割がある、というメッセージを、この広島の地から発したのだ。その後、国の名勝・平和記念公園内には、核抑止を肯定したG7サミットを顕彰する施設「G7広島サミット記念館」が5千万円の公費を投じて建てられた。

そのG7広島サミットの喧騒が過ぎ去った6月には、平和記念公園とアメリカ・真珠湾のパールハーバー国立施設との間で、姉妹公園協定を締結するという方針を、広島市が唐突に明らかにした。議会開会中であったにも関わらず、市民を交えた議論をまったくすることなく、発表の1週間後には松井一實・広島市長が、わざわざ東京のアメリカ大使館に出向き、ラーム・エマニュエル駐日大使とともに締結式に臨んだ。協定の意義を問われ、両者は、広島と真珠湾を「戦争の始まりと終焉の地」と表現。戦争に向かう複雑な経緯や、多岐にわたる戦争被害にまるで目を向けず、日本軍による奇襲攻撃の地はアメリカの被害の地、米軍による原爆投下の地は日本の被害の地、と短絡的に位置付けたその思考回路に、多くの人たちが呆れたものだ。締結後、記者の取材に対して、エマニュエル大使は「つまずいていては、とらわれていてはいけない。友情まで至ることはできない」などと述べたと、地元テレビ局は伝えている。

締結後も市議会での質問が相次ぎ、その中で市の担当局長が、「原爆投下に関わるアメリカの責任に係る議論を現時点では棚上げにする」と発言したことが物議を醸した。ちなみに、

G7広島サミット開催を機にアメリカ総領事館側から打診があり、広島がこれを受けることにした、と市は説明している。

そして、極めつきは、年末12月。松井市長が、「爾臣民《なんじしんみん》」の文言も含めた教育勅語を引用した資料を、新人職員研修において12年間にわたり、使用し続けてきたことが明らかになった。非常事態時には、「臣民」である国民は、天皇が統治する国のために力を尽くすべきという内容の教育勅語は、明治天皇が臣民に対し、天皇と国家への忠誠を説いたもので、ゆえに国民主権の日本国憲法下には相容れない内容であるとして国会で失効決議がされている。だが、通信社の報道によってこのことが明らかになった後も、「臣民」の言葉も含めて引用した現在の資料の内容を変える予定はないと松井市長は言い張り、2024年度の研修においても引き続き使用した。この問題を特報した通信社の記者がその姿勢を記者会見で問うと、逆ギレしながら「あなたの質問には答えない」と跳ね除けた。

今、「平和都市」広島で何が起きているのか。
広島が訴えてきた「平和」とは何なのか。

混沌とした世界の中で、広島はこの先、どんな役割を担おうとしているのだろうか。

一連の出来事を受けて、この地で平和活動をさまざまな形で展開してきた市民たちは、大きな疑念を抱き始めた。広島はいつから、こうなってしまったのだろうか。それを考えるとき、実は大きな転換点が近年あったことに気付かされる。

それは、広島市議会初の政策条例として２０２１年6月に成立した、広島市平和推進基本条例だ。一部の市民は、その成立過程を見守り、条例の文言をつぶさに検討し、問題提起をしてきた。本書の執筆陣は、その一部だ。

研究者、元広島市職員、元国会議員、市民活動家、記者など、職業も世代も様々だ。だが、広島はこの先も「平和都市」であり続けるのだろうか、という問題意識を共有する仲間として、私たちは「平和条例検証会」なる会合を立ち上げ、定期的に集って論議を重ねてきた。情報公開請求によって公文書を入手し、その制定過程を検証するのが主な目的だった。この条例から透けて見えるものは何か。本書は、この間の論議を踏まえて、メンバーがそれぞれの領域に寄せて執筆した論考をまとめたものだ。

第1章は、フリーランスの取材者である宮崎園子による「広島のアイデンティティ・クライシス」と題される論考である。宮崎は被爆者の祖父母を持ち広島に生まれ、県外、海外で育った。全国紙記者の職を辞し、生活者として記者として広島に生きることを選んだ宮崎が、まさに選んだそのときに遭遇したのが、この条例策定で揺れる広島だった。それを宮崎は、国際平和文化都市の「アイデンティティ・クライシス（自己喪失）」と表現する。そしてなぜこの条例が自己喪失なのか紐解きながら、読者に平和都市のアイデンティティを共に思考するように誘っている。マスメディアによるいわゆる「ヒロシマ報道」をめぐる、自身が感じた課題についても記している。

第2章は、長年被爆者裁判に取り組んできた田村和之の論考である。行政法を専門とし本検証会で中心的役割を果たしてきた田村は、条例を「平和都市広島を自己否定し、『平和都市』の看板を引きずり下ろそうとするもの」と評価し、その論拠を述べている。さらに田村は第3章で、主として「広島市議会政策立案検討会議」の会議録に拠りながら、条例案策定過程を時系列で追う。条例に対する主だった市民の動きも記録している。

第4章は、原水爆禁止広島県協議会代表委員である金子哲夫による、広島市政における憲法の位置づけを問う論考である。広島市職員の服務宣誓書には憲法尊重擁護の項目が存在せず、市民からの請願の対象となっていた。政令市としては例外的なこうした事態にもかかわらず、広島市は請願を不採択としていたが、今年2月に突然「一定の修正の余地がある」とし、3月に市長決定により、憲法尊重擁護義務が追加された。本論は広島市の答弁や市長説明を辿り、広島市平和推進基本条例にも通底する広島市政の憲法軽視の姿勢を指摘する。

第5章は、元広島市職員であり、地方自治法の研究者である本田博利による、自らの条例との闘いの記録である。本田は条例案策定過程において議会に意見書を提出し、制定後には学会で報告、さらに多くがその問題性を指摘した第6条2項の「厳粛」条項の運用を確かめようと8月6日に平和公園でフィールドワークを実施し報告する。そしてそれらを踏まえ、今後の平和記念式典のあり方を提言する。

第6章は、広島市立大学国際学研究科博士課程で広島原爆「黒い雨」*を研究する向井均の論考である。条例策定過程でいかに黒い雨問題が扱われたかを会議録などから検証している。条例が制定された2021年は、広島原爆「黒い雨」訴訟が原告側の完全勝訴で

＊広島原爆「黒い雨」
米軍が投下した原爆が広島市中心部上空で炸裂後に降った、泥やほこり、すすなどを含んだ重油のような粘り気のある雨。放射性降下物（フォールアウト）の一種。数十キロ離れた場所にまで降ったとされるが、「大雨地域」とされた地域にいた人のみしか国は被爆者として認めてこなかった。

終わった年でもあった。75年間、行政に無視され続けた広島の被爆者の存在に、日本全国で驚きの声が上がった。にもかかわらず、条例の原案には「黒い雨」被爆者については言及すらされず、最終的には一言触れるに留まっている。

第7章は、広島自治体問題研究所の橋本和正による論考である。橋本は、広島市政を長年観察してきたのみならず、戦時中の郷土部隊として日本の軍事侵攻の尖兵となった陸軍歩兵第11連隊に所属していた叔父を持つ。そうした橋本にとって「軍都」として、日本の侵略戦争の加害の歴史を背負い、世界初の戦争被爆国となった広島の責任は重い。橋本は、これらの加害の歴史認識が完全に欠落している条例の問題を指摘する。

第8章は本条例案に強い違和感を持ち「平和推進条例の改善を求める市民キャンペーン」を立ち上げた、検証会で最年少の渡部久仁子の活動記録である。「このままではいや。―はじめてのロビー活動記―」とのタイトルが示す通り、素朴な感情から始まった精力的活動の記録である。

そして最終章となる第9章は、広島市立大学国際学部教授の湯浅正恵による条例制定から3年経過時点の広島の「平和行政」の分析である。条例の前文には、その精神とも言うべき「核兵器廃絶と世界恒久平和を願うヒロシマの心」が掲げられている。本章では、

2023年10月から始まったイスラエルによるガザ攻撃を事例としながら、その制定からわずか2年しか経っていないにもかかわらず、広島市議会と広島市の言動が、条例に矛盾していることを指摘した上で、「ヒロシマの心」は行政的に解釈され、形骸化していると論じている。

これらの八つの論考と覚書の後に資料編が続く。制定された条例文はもとより、市民意見募集に付された「素案」、そしてそこからの変遷がわかるように収めた。また市議会への提案理由や反対討論も収録している。さらに関連する他の条例を比較対照できるように掲載し、本条例の法的疑義を明示した広島弁護士会会長の二つの声明なども収録した。

最後に、本書の注目すべき巻頭文を紹介する。それは、近く97歳になる元広島市長の平岡敬氏の寄稿文である。広島の平和行政の根拠となってきた広島平和記念都市建設法に言及しながら、本条例の必要性に根源的な疑問を呈する。そして第6条の「厳粛」条項については、原爆犠牲者は、デモの「騒音」よりも、軍国化を推進しながら平和記念式典では白々しい挨拶を行う岸田首相に怒りを覚えたのではないかと喝破する。こうした苦言に元市長の矜持が滲む。

本書は、広島市平和推進基本条例についての本でありながら、それに留まらない。広島のこれまでの「平和行政」を振り返り、これからを模索する市民のための政治の書である。政治とは、この地球上で他者とそして他の生物と共に棲まう方法を決定する重要な活動である。本書に執筆した検証会のメンバーは、この稀有の歴史を背負う広島において、平和に棲むことを模索する市民として、不十分でありながらも、広島のこれまでを振り返り、これからを考えた。本書が、平和に生きることを求める多くの方々と共有されることを願っている。

目次

本文編

資料編

※肩書は当時。敬称略

発刊によせて

広島市の平和行政は前進するのか

元広島市長
元中国新聞編集局長
平岡 敬

広島市の平和行政を支える法律は、広島平和記念都市建設法である。

この法律は、1949(昭和24)年5月に衆参両院でいずれも満場一致で議決された。続いて、憲法第95条による特別法のため、7月7日に賛否を問う住民投票が行われた。投票率は65%だったが、投票者の91%が賛成という圧倒的な支持を得て、8月6日に公布された。まさしく平和都市建設を熱望する広島市民の思いの表れであった。

この法律によって国有財産払い下げの道が開かれたため、都市づくりのハード面に力点が置かれているように受け取られがちだが、法律の目的である「恒久の平和を誠実に実現しようとする理想の象徴」としての平和都市を目指す以上、必ずしもハードの話だけではない。

平和都市であるためには、インフラの整備に終わるのではなく、その都市で生きる住民が平和を創り出すために活動することが求められている。それゆえに第6条で「広島市長は平和都市建設のために不断の活動をしなければならない」と義務付けている。市長は市民の協力を得て、ハード、ソフト両面で平和都市づくりを進めなければならないし、これまでもそうした努力が続けられてきた。

ところが、２０２１年に広島市平和推進基本条例ができた。なぜ今ごろ、このような条例が必要となったのか。この条例がなければ平和行政が進まないのか——といった疑問が湧いた。そこで条例をみてみると、第２条で「平和とは世界中の核兵器が廃絶され、戦争その他の武力紛争がない状態をいう」と平和の概念を規定している。

しかし、この平和の定義はいささか時代遅れの観がある。現代平和学の創始者の一人、ノルウエーのヨハン・ガルトゥング（２０２４年に93歳で死去）は「戦争はもちろんだが飢餓、貧困、病気、抑圧、差別など構造的暴力が無くならない限り、真の平和ではない」としている。私は１９９１年8月6日、広島市長となって初の平和宣言において、彼のその考えに言及した。核兵器廃絶は平和な世界をつくるための緊急の課題ではあるが、広島市は核兵器廃絶の先に誰もが安心して暮らせる平和都市実現を目指して努力しなければならないと考えるからだ。

条例づくりの過程で市民の関心が集まったのは、原爆死没者慰霊式並びに平和祈念式

（平和記念式典）のあり方を定める第6条である。あえて「厳粛の中で行う」としているのは、式典当日のデモ行進の拡声器によるスローガン連呼を規制しようとするものである。デモ行進の政治的アピールを〝騒音〟と断じるか、言論・思想の自由の問題と考えるか、意見の分かれるところだが、私はその次元の論議を越えて、慰霊碑に名前が納められた原爆犠牲者がどう思うか、という視点にこだわりたい。

死者たちはデモ行進のアピールを〝騒音〟と感じるよりも、昨年の平和記念式典での岸田首相のあいさつに怒りを覚えているように思えてならない。核の傘に頼り、G7広島ビジョンで核抑止力を肯定したにもかかわらず、首相は「非核三原則を堅持しながら核兵器のない世界の実現をめざす」というあいさつを読み上げた。安保3文書*を決定し、軍事予算を倍増して軍国化を進めている首相の白々しいあいさつを聞いて、死者たちは〝安らか〟に眠ってはおれないのではないか。政府の姿勢は〝騒音〟よりも死者の眠りを妨げていると思う。式典の形骸化を防ぐためには、このような問題意識を持つことが必要であろう。

核兵器廃絶は優れて政治的な問題である。したがって広島市のやるべきことは、国内外

＊安保3文書
外交・防衛などの基本方針を定める国家安全保障に関する最上位の政策文書である「国家安全保障戦略」、その戦略を踏まえて防衛の目標達成のための方法と手段を示す「国家防衛戦略」及び、5年間の防衛費総額や主要装備を定める「防衛力整備計画」を指す。

に被爆の実相を伝えるとともに、核兵器禁止条約に背を向けている日本政府の姿勢を改めさせることである。

２０１０年に広島に来たガルトゥングは、「広島市民はアメリカに対して、核兵器によるジェノサイドはキリスト教の精神に合致しているのか、と問うべきである」と語った。核兵器の非人道性を明らかにしてアメリカの責任を追及し続けることは、理想の平和都市実現の前提である。核廃絶の訴えとともに基本的人権の尊重、福祉の充実、快適で安全な環境の創造など、市民の暮らしを支える行政の展開こそ、平和都市の姿である。

そのためには絶対に戦争をしてはならない。中国との軍事対決に進みつつある日本の動きに、広島は歯止めをかけなければならない。

このところ、平和教材からの「はだしのゲン」や第五福竜丸の記述削除をはじめ、真珠湾との姉妹公園協定や教育勅語問題などで、多くの市民から不安の声が上がっているときだけに、この平和推進条例によって広島市の平和行政が前進するのかどうか、注視すべきである。とくに条例づくりに熱心だった議員たちが、核兵器廃絶のためにどのようなプログラムを構築し、実践してゆくのかを見極めたい。

第1章

広島のアイデンティティ・クライシス

宮崎　園子

広島市平和推進基本条例の制定に向けた議論が市議会で続いていた2021年、筆者は19年間記者として勤めた朝日新聞社を退職した。4年前に赴任した広島から東京本社への転勤を言い渡されたとき、新型コロナウイルスによって非日常と日常が大転換した状況下、足場が広島から他へ移ることを受け入れられない自分がいた。コロナ禍の異様な空気の中、幼いなりに我慢の日々を過ごしている小学生のわが子2人に、親として生活の大転換を強いることに不安があったのが大きいが、ほかにも理由はある。

それは、広島という土地に根を張って暮らす一人の生活者だからこそ日々湧き出てくる問題意識を、書き手・伝え手として大切にしたいと思ったからだ。さまざまな価値観が大きく転換する中、この先自分がどう生き、どう社会と関わりたいかということを考えた。自分は、記者生活でどういう物差しを磨いてきたのか。この先、何を目指して、何を背負って、誰に対して、ものを書いていくのか。全国紙の記者として転勤が続き、自分の思うところにひとところに根を下ろせない生活をいつまでも続けるのか――。

被爆者の祖父母を持って広島に生まれ、県外・海外で育った自分のアイデンティティが何なのか、自分にとって広島とはどういう意味を持つのか。そんなことを考えながら、私はある取材を続けていた。それは、広島市議会が議員発案の条例としてつくろうとしていた「広島市平和の推進に関する条例（成立時の名称は「広島市平和推進基本条例」）」だ。2021年6月に施行したが、それに至る過程はいわば、広島という都市の「アイデンティティ」が何かを考えるプロセスそのもののように私には映った。そして、私は、「平和都市」を自認する広島が、ある種のアイデンティティ・クライシス（自己喪失）に陥っているのではないか、と感じるに至った。

ここでは、なぜ私がそう感じたか、一広島市民、そして被爆者の孫として考えたことを記したい。それにあたっては、全国紙の記者として2005年以降、被爆者問題など原爆や戦争について広島内外で取材を続けてきた記者としての反省と問題認識も含めて指摘したい。

「被爆75年に施行」目指した条例

まず、「広島市平和推進基本条例」の制定過程について、ざっと説明しておきたい。

始まりは、2017年6月にさかのぼる。広島市議会が特別委員会を設け、平和施策と少子化対策についてそれぞれ市政の現状や課題を検討。2019年3月に結果を報告した。

その中で、「平和の推進に関する条例」づくりに向けた取り組みを提言した。理由は、「被爆者の願いを次の世代へ継承していくため」とした。長崎市議会との連携強化なども課題として上がっていた。

市議会では同時期、議会改革推進会議が開かれ、行政機関ではなく議会（議員）の発案で、地域の課題に密接に関係した条例をつくろうという機運が高まっていた。他の政令市では、そうした条例の例がいくつもあったが、広島市には一つもなかったのだ。

こうしたことを背景に、平和推進に関する条例をつくるべく、2019年、市議会全会派から1名が集まる「政策立案検討会議」が発足。米軍による原爆投下から75年となる2020年度中の制定をめざして議論を重ねてきた。

検討会議は1～3カ月に一度の頻度で会合を重ね、15回目の会合となった2020年12月、素案をまとめ、パブリックコメントの募集を決めた。2月なかばまでの1カ月間募り、3月末までの成立をめざした。

市民の関心は高く、598人・団体、締め切り後も9人・団体から、計1043項目もの意見が寄せられた。事務局の想定以上の反響。意見の精査に時間を要し、3月末までの制定は断念せざるを得なくなった。

市民の意見は多岐にわたった。条例案に対して批判的な内容も多く見られた。中でも、筆者自身も特に問題だと思った3点を中心に記していきたい。

広島から訴える「平和」とは？

まず1点目は、平和の定義。「世界中の核兵器が廃絶され、かつ、戦争その他の武力紛争がない状態」。この条例で、「平和」はそう定義されている。「国際平和文化都市」として、その定義はさすがに狭すぎないだろうか。市民意見では、「単に『戦争』の対義語として『平和』を修辞的に説明しているだけであって、一般市民にとっての『平和』とはかけ離れている」「核兵器廃絶や紛争のみを焦点に当てることは同時に、多くの誤解や社会的弱者を生み出しかねない」などと素案を変更することを求める意見が多く寄せられた。

２０２０年策定の「広島市基本構想」では、平和を「世界中の核兵器が廃絶され、戦争がない状態の下、都市に住む人々が良好な環境で、尊厳が保たれながら人間らしい生活を送っている状態」と定義している。また、広島市男女共同参画推進条例も、「紛争や戦争のない状態だけをいうのではない。すべての人が差別や抑圧から解放されて初めて平和といえる」としている。これらと比べて定義が狭い点について、検討会議の代表議員は

「すべての分野を網羅すると焦点がぼける」と説明した。

結局、市民意見は反映されず、素案通りの定義に。「平和推進」と掲げつつ、実態は「核兵器廃絶推進」、という批判は免れない。しかし、それすらも怪しい。

「核兵器禁止条約」が存在しなかった素案

2点目は、核兵器禁止条約の位置付け。平和を事実上「核兵器廃絶」に限定した形の条例素案であるにもかかわらず、「核兵器禁止条約」というフレーズがまったく見当たらなかった。これについても、多くの市民から指摘の声が寄せられた。

条例策定への動きが始まった頃の2017年7月、122カ国・地域の賛成によって、国連で核兵器禁止条約が採択された。核兵器の一日も早い廃絶を願う市民社会の働きかけが、核兵器を持たない小さな国々などを動かした。交渉会議では、広島市の松井一實市長がスピーチをし、署名式には長崎市の田上富久市長（当時）が参加。両市を中心に活動してきた「平和首長会議」も国際パートナーの一員である国際NGO「核兵器廃絶国際キャンペーン（ICAN）」はその年、ノーベル平和賞を受賞。条約は批准国・地域が50に達した2021年1月、ついに発効した。核兵器を禁止する初の条約がついに効力を持ったのだ。

だが、こうした動きと並行しながら議論を続けてきた条例であるにもかかわらず、素案の中に、核兵器禁止条約が存在しないのだ。ちなみに、広島市議会は、採択後の2017年9月には、日本政府を含む各国に批准を求める意見書を、全会一致で、採択している。検討会議は、市民の意見を踏まえ、最終的には「核兵器禁止条約」の文言を入れた。だが、発効の事実のみで、広島市がどう条約に関わろうとしているのか、日本のスタンスを広島はどうみているのか、今後条約参加国とともにどのような形で核兵器廃絶を目指していくのか、といったことについては、まったく触れられていない。平和を推進する、と謳った条例であるにもかかわらず、だ。

なんのための平和記念式典か

3点目は、原爆の日という、広島にとって特別な日の位置付けだ。最も意見が多く、賛否も割れたのは、毎年8月6日に広島市が挙行する平和記念式典のあり方を規定した条文だった。「本市は、平和記念日に、広島市原爆死没者慰霊式並びに平和祈念式を、市民等の理解と協力の下に、厳粛の中で行うものとする」というものだ（第6条2項）。

平和記念公園内にある原爆死没者慰霊碑前で毎年挙行される式典中、原爆ドーム周辺では、日本政府の核政策や外交姿勢を批判するデモ団体が、拡声器を使ってシュプレヒコールをあげながら行進する。デモ団体に抗議する保守系団体も参集し、この日は早朝から機動隊が警備にあたる状況が続く。こうしたことを背景に、「厳粛」条項が条例案に盛り込まれた。「静かに祈るのが式典の正しいあり方」「政治的主張の場ではない」。「厳粛」条項に賛成する人たちは言う。一方で、反対する人たちは、「表現の自由の侵害だ」「静かに祈っているだけでは平和はこない」と言う。

この問題には、前段がある。式典中の拡声器使用を規制する条例を策定する動きが広島市側にあったが、言論の自由や表現の自由の侵害を問題視した被爆者団体や法曹界から批判の声が上がり、条例化が見送られた経緯があるのだ。その流れを経て、市側の意図を汲んだ形で「厳粛」条項を設けた市議会発の条例自体が、式典での「静謐」確保を目的としているのではないか、と見る向きもあった。

これについての筆者自身の考えを述べておきたい。私も、式典は静かな方がいいと考える一人だ。核兵器廃絶を誓うと同時に、原爆犠牲者や死んでいった被爆者たちを追悼するのも、式典の大きな目的だからだ。だが、だからと言って、条例での規制を求めるというのは、話が違う。

被爆者や戦争体験者の取材をする中で、特に動員学徒世代以上の人たちの多くが、「自由にものが言えなかった」「見ざる言わざる聞かざる、という空気だった」と振り返った。強大な国家権力に対して隷従することしかできなかった戦争の時代を振り返り、ものが言える社会、堂々と権力批判ができる社会こそが戦争を防ぐと、彼、彼女らは訴えてきた。

もの言えぬ時代に戻るのか

15歳で被爆した切明千枝子さんは、軍靴や軍服を製造する軍需工場である「広島陸軍被服支廠《ひろしまりくぐんひふくししょう》」*に動員されていたころを振り返る。創立記念日には仮装大会をやるなど景気が良かった構内だったが、次第に新品の軍服の製造ではなく、穴が空き、血糊がついた使用済みのものを亀の子たわしでこすり取るような作業をするようになった。「先生、日本は戦争に勝てるんでしょうか」。引率の教員にそう尋ねると、こっぴどく叱られたので、その後思ったことを口にするのを封印した――。彼女が自らの戦争体験を語るときに決まって紹介するエピソードだ。

デモ団体側の主張や表現方法には賛同できない点があるが、彼らが、被爆地の想いに反し、

＊広島陸軍被服支廠
1914年に竣工した、陸軍兵士の軍服・軍靴等の製造・貯蔵を担う施設。爆心地から2.7キロの場所にあったが倒壊や消失を免れ、被爆直後は、被爆者の臨時救護所となった。倒壊の恐れから、現存する４棟のうち３棟を所有する広島県が2019年、取り壊しの方針を明らかにしたが、保存を求める市民の声を受けて方針を転換。2024年、国の重要文化財に指定された。

核抑止力を主張する総理大臣を式典に招くのに反対し、式典のあり方の見直しを求めていた点は、私も同意するところだ。この間、入れ替わり立ち替わりやってくる総理大臣たちは、「唯一の戦争被爆国」「核兵器のない世界」という定番フレーズこそ必ず叫ぶが、一日も早い核兵器廃絶を願う被爆者や各国の人たちが求めた核兵器禁止条約の存在をまるで無視し続け、条約が採択された2017年を含めて以降8回を重ねた総理大臣あいさつで、一度たりとも「核兵器禁止条約」という言葉を入れたことはない。「被爆地」である広島市も長崎市も、核兵器禁止条約への参加を、それぞれの平和宣言において求め続けているにも関わらず、だ。

2021年に第100代総理大臣に就任した広島1区選出の岸田文雄氏は、「被爆地・広島出身」であることを、外遊時を中心にことさら強調。『核兵器のない世界へ』と題した著書もあるなど、「核兵器廃絶」が自らのライフワークであると度々発言してきたが、「地元」広島での平和記念式典でのあいさつでは、それまでの首相同様、核兵器禁止条約には言及しなかった。それどころか、2023年5月のG7広島サミットでは、「核兵器は、それが存在する限りにおいて、防衛目的のために役割を果たし、侵略を抑止し、並びに戦争及び威圧を防止すべき」などという文言が入った共同声明を「広島ビジョン」などと銘打って発出することを、議長として許してしまった。

そんな、核兵器を廃絶する気がまるでないリーダーの姿を、被爆地の市民たちは、いつまで広島の地で見せられ続けるのだろうか（もっとも、2021年の式典では、「唯一の戦争被爆国」「核兵器のない世界」というフレーズすら、読み飛ばされたが）。

多くの犠牲の結果、私たちが獲得した日本国憲法の中の大事な理念である言論の自由を尊重しない「平和」条例素案には、法曹界からも批判が寄せられた。広島弁護士会は、二度にわたり、問題視する会長声明を出した（本書資料編235P参照）。被爆者団体も批判の声を上げた。広島県原爆被害者団体協議会（佐久間邦彦理事長）は、他団体と連名で、「被爆地ヒロシマが、核兵器禁止条約が発効した歴史的な年に、思想・信条、表現の自由を損なう条例を制定することは、世界の平和と核兵器廃絶を求める人々に、計り知れない衝撃を与える」と抗議した。

対話と議論なき「平和都市」

これだけ多くの意見が寄せられた中で、特に、被爆地広島で草の根の平和運動を続けてきた人たちからは、有識者による勉強会や、市民も交えた討論会の開催を求める提案もあった。広島市民の代表である広島市議会議員たちの発案で、「平和」を掲げた条例をつくるとあって、「世界に向けて恥ずかしくない内容に」と願った人たちは多い。しかし、こうした意見はすべて却下された。制定目標時期ギリギリのタイミングでの市民意見募集に「市民の意見を聞いたというアリバイづくりでは」との批判も上がった。

2020年度内（2021年3月中）の制定こそ見送ったが、市議会はそれでも制定を急いだ。それまで1〜3カ月に1回ペースで開いてきた検討会議を、2週間に1回というスピードで開きはじめ、市民意見を条文ごとに検討した。中1日で開催された時期もあった。

「核兵器を廃絶するために積極的に声を上げ、行動し、核兵器の廃絶と世界恒久平和の実現に努めることを決意し、この条例を制定する」。前文で制定目的をそう謳った条例だが、核兵器を廃絶するために積極的に声を上げ、行動してきた市民たちの意見は一顧だにされなかった。

「広島市初の政策条例」の制定そのものが目的化し、中身の議論がなおざりになった感は否めない。「陳情書、要望書、請願書を提出したのは、広島の平和活動を長年に渡り牽引してきた団体や個人。互いに意見を交換しながら議論の経過を見守ってきた。しかし検討会議において、合理的な説明もないまま、これらの問題が放置されたことにより危機感はさらに強まった」。本書の執筆者の一人、広島市立大の湯浅正恵教授はそんな意見を寄せた。「平和都市」の看板を草の根で支えてきた市民の声が反映されない条例が、「平和推進」に寄与するだろうか。

そんなにまで急いで条例をつくる必要が、いったいどこにあったのだろうか。

各条文や条例の成立過程から浮かび上がるのは、核兵器廃絶のために市民が積極的に声を上げたり行動したりすることを不当に制限し、世界平和の実現に向けて努めてきた草の根の市民活動や、日本国憲法が規定する国民の権利を軽視した姿勢にほかならない。あろうことか、そんな内容の条例が、広島市当局ではなく、広島市民の代表たる広島市議会からの提案として作られてしまったのだ。

条例には、平和教育のあり方、そして、「戦争」をどう総括するのかといった視点もない。核兵器廃絶をめざす国際社会の中で、被爆地・広島は、自らをどう主体的に位置付けようとしているのだろうか。国内外の人たちとどう手をつなごうとしているのだろうか。「平和」という言葉を唱えるだけの「平和都市」なのだろうか。被爆地として、他のどの都市よりも「平和」を声高に叫ぶだけでなく、そもそも「平和」とは何かを市民の生活レベルで真剣に考え、議論と対話をする機運づくりをするこそが、広島が担うべき役割ではないだろうか。

新聞は条例制定の動きを的確に報道したか

市民意見募集のころ、私は新聞記者として広島市政記者クラブ所属の記者専用の報道関係者席に座って取材をしていた（すでに退社を決めてはいたが）。その後、市民意見を検討する段階に入った4月以降は、一人の市民として、一般傍聴席から議論を見届けた。実は、正式な退社日は2021年7月8日だったので、6月議会での可決に向けて議論の佳境を迎えていた頃は一応朝日新聞に籍はある状態だった。だが、広島市政記者クラブ所属の記者ではないため、報道関係者席に座る資格はなかった。

「市議会にこんな動きがあったとは」。原爆の語り継ぎの活動に熱心に取り組む何人かにそう言われた。「もっと早く知っていたら、素案ができる前に行動した」とも。おそらく今でも、この条例の存在を知る広島市民はごく僅かなのではないだろうか。果たして、この件をめぐる報道は十分なされていたのだろうか。

政策立案検討会議自体は公開で開催されていたものの、その日程については、広島市議会の公式ホームページに掲載されることはなかった（本会議や常任委員会の日程は事前に掲載されるのだが）。市民の関心が高い事案であるにもかかわらず、なぜホームページで日程を告知しないのか。市議会の広報担当に尋ねると、「日程は記者クラブに投げ込んでいる。それをもって広報としている。問い合わせがあればお伝えする」との答えだった。つまり、広島市政記者クラブ加盟社である新聞・テレビ各社が報じない限り、会議がいつ開かれるのか、都度問い合わせをしない限り市民は知る由もないのだ。そして、日程を都度告知記事として報じる社は皆無だった。

検討会議が続く中で、新聞社を辞め、記者クラブ記者ではなくフリーランス記者になった筆者には、途端に情報が入らなくなった。記者クラブ記者以外は記者ではないと、市議会事務局から言われているような気持ちになった。

地元・中国新聞は、「執行部のチェックや政策立案・提言といった本来の役割を果たしているか。今回の条例づくりを通して、市議会の姿勢や力量が問われている」（2020年9月14日朝刊）と、社説において目を光らせ、政策立案検討会議の動きを逐一、短くではあっても紙面に刻んできた。

だが、総じて全国メディアの報道は手薄かったと言わざるを得ない。市民意見募集の内容が反映されないまま条例案が固められる方向となった頃、様々な市民団体が市議会側に申し入れに行く、その動きを都度報じることはあっても、大きく紙面を割いて、条例案の内容や議論のあり方などについて、クリティカルに報道したものは、ほとんどなかったのではないだろうか。公共放送NHKも、この条例についてはほとんどスルーしているようだった。ある放送局の記者が「条例は画《え》にならないから取り上げにくい」とぼやいていたのを私は記憶している。

条例案の策定に向けた広島市議会政策立案検討会議の議論が山場を迎えていた頃、新型コロナウイルスの蔓延により、報道各社は様々な制限の中での取材活動を強いられていた。さらに広島においては、2019年の参院選で起きた河井克行衆院議員と妻の河井案里参院議員（いずれも当時）による公職選挙法違反事件で、広島県議会や広島市議会にとどまらず県内各市町議会の議員たちが、被買収の疑いがかけられ、その数は数十人に及んでおり、各社総力戦で取材にあたっていた頃でもあった。

だが、命を削って核兵器廃絶を訴える被爆者を中心に「被爆地・広島」を伝える営みを続けてきた報道各社が、平和運動に携わってきた市民の多くが投げかける問題提起や疑問をすくい上げるような報道をなぜ展開できなかったのだろうか。

「ヒロシマ報道」に何かが足りない

筆者は新聞社時代、平和都市の足元で起きている様々な綻びなどを地域面で報道する「岐路のヒロシマ」と題したシリーズを提案し、その中で条例について何度か取り上げてはきた。だが、前述のような市民の声を聞くにつけ、市民の知る権利に応える報道を果たしきれなかった反省が大いにある。

広島発のいわゆる平和報道、ヒロシマ報道は、1945年8月6日に何が起きたかという、いまだ未解明な部分が多い過去をいつまでも見つめ検証や史実発掘を試みる営みと、核兵器廃絶という、気が遠くなるような未来の目標を見据える営みとが重要視されるが、過去と未来の間、つまり、まさに「今を生きる私たちの足元で今、起きていること」に対して、きちんとした問題意識を持ち続けてきただろうか。考えてきたつもりではあるが、結果として努力不足だったとしか言えない。

記者が転勤によって目まぐるしく入れ替わる全国メディアには、立脚点を明確にできる地元メディアと違って、「わがまち」という意識を持って腰を据えて取材する記者は残念ながらほとんどおらず、まちづくりなどの話題においては、どこか傍観者的な立ち位置をとりがちだ。ゆえに、被爆者関連の報道には8月を中心にそれなりに取り組む一方で、「平和都市」広島のありようを問う姿勢は決定的に欠けている。広島市平和推進基本条例は、そう言う意味で、長く続くヒロシマ報道に欠落した視点を鮮やかに浮き彫りにしたのではないだろうか。

そして、とりも隠さず、まさにこの点が、全国紙記者として出生地広島にコミットし続けることの限界を感じていた私が、退社を決めたまさに最大の理由であると言っても過言ではない。

「広島で広島の批判をするのはタブーだから」。広島にゆかりのあるジャーナリストに、そう忠告されたことがある。確かに、原爆関連報道を見渡すと、批判的視線が、核大国や日本政府に向けられることはあっても、被爆地広島のありよう、言い換えれば私たち自身のありように向けられたものは、少なくとも昨今ほとんど見られない。なぜそうなのだろう。フリーランスに転向して3年が過ぎた今も、それをずっと考え続けている。

被爆者の平均年齢は、85歳を超えた。そう遠くない将来、間違いなくやってくる「被爆者なき被爆地」は、何を背骨にしてこの先も存在しようとしているのだろうか。「平和都市広島」は、遠くからわざわざ訪れるべきまちであり続けられるのだろうか。多くの原爆犠牲者たちの無念が染み込んだこの街にしっかり立脚し、国家権力の暴走の帰結によって将来を断たれた人たちの声なき声に耳を済ませつつ、記録し、伝えていくこと、そして絶えず考えるということを、細々と続けなければ。この条例の成立過程を振り返るにつけ、そんな気持ちを新たにする。

第2章

「平和都市」ヒロシマの自己否定

田村 和之

２０２１年６月25日、広島市議会は「広島市平和推進基本条例」（以下では「本条例」又は「平和推進基本条例」という）案を可決した（６月29日公布・施行。条例50号）。

本条例は、憲法及び広島平和記念都市建設法の下で、広島市自身が定める法（条例）により「平和記念都市」を具体化し、その方向性を示すものとして期待された。

本条例は、広島市で初めて議員提案により制定されたものである（議員立法の条例）。すなわち、市議会が任命した９人の議員よる政策立案検討会議（代表 若林、副代表 碓氷、椋木、山路、桑田、三宅、大野、中森、碓井）が、２０１９年７月から２０２１年６月までの約２年間に、24回の会議を開き、条例原案を作成した。この間に、平和関係団体や有識者に対してアンケート調査を行い、また、市民意見（パブリックコメント）を募集し、市民などの意見を条例案に反映させようとした。

平和推進基本条例案の策定過程について、詳しくは別稿「覚書 広島市平和推進基本条例の制定過程」を参照していただきたいが、政策立案検討会議は、２０２０年12月までに「広島市平和の推進に関する条例（仮称）素案」（資料編２）を取りまとめ、これを市民意見公募の手続きに付した。

政策立案検討会議では、広島市の「平和行政」に関わる諸問題が広く議論された。ごく大まかに言えば、議論を主導したのは同会議内に設置された「調査グループ」（三宅座長、山路、大野、椋木）であり、成立した平和推進基本条例は、結局のところ同グループが起案した原案の枠組み内のものであったということができる。

政策立案検討会議は、審議内容の取りまとめにあたり委員全員一致原則を採用した。

2020年12月時点で合意された条例案（前述の市民意見公募手続きに付された条例素案）は、この原則により合意・策定された。この時点で本条例の全体像が形づくられたといってよい（その後条例案は数カ所修正される）。

2021年1月15日から2月15日まで「市民意見募集」が実施され、1千件を超える意見が集まったが、これらの市民意見にあたっても同会議は、委員全員一致原則をそのまま適用した。この結果、前文第6段落の「被爆75年を迎え」を「被爆から75年が過ぎ」に修正した以外、重要あるいは貴重な提案・意見を含めて、提出された市民意見はすべて葬り去られた。これは、大失態というべきものであった。本条例の制定にかけられていた市民の期待は失望に変わった。

広島市議会本会議に上程された本条例案は、政策立案検討会議案に市議会の各派幹事長会議が3カ所の修正をほどこしたものであり、これが成立した。この修正では、政策立案検討会議が退けた市民意見の幾つかが採用された。

いうまでもなく、提出された市民意見は多彩な内容であった。それらをあえて2つに区別すれば、憲法及びそのもとに制定された広島平和記念都市建設法、本条例案の策定過程で発効した核兵器禁止条約などを踏まえた「平和」条例を求めるものと、8月6日の平和記念式典を「厳粛」に行う旨を求めるものということができる。政策立案検討会議は、両論とも取り入れなかったように見えなくもないが、はたしてこの見方は的を射ているであろうか。

本条例はどのようなものかをひと言でいえば、それは「平和都市」広島を自己否定し、「平和都市」の看板を引きずり降ろそうとするものである。以下では、このように評価するわけを述べる。

本条例は、前文、10カ条の本則及び附則からなる。まず前文について、ついで本則について検討する。

Ⅰ 「前文」について

1 「平和都市」を掲げない平和推進基本条例

広島市は、1945年8月の原爆被爆により、未曽有の筆舌に尽くしがたい惨禍を被り、その被害は現在に及んでいる。

広島市は、1947年以来、1950年を除く毎年の8月6日に「平和宣言」（1949年は「市長あいさつ」）を発し、また、1970年以来、市議会議決を経て定める「広島市基本構想」において、都市像として「国際平和文化都市」を掲げてきた。

法的な側面をみれば、広島市民による住民投票を経て、1949年8月、広島平和記念都市建設法が制定・施行された。同法の第1条は「この法律は、恒久の平和を誠実に実現しようとする理想の象徴として、広島市を平和記念都市として建設することを目的とする」、第6条には「広島市の市長は、その住民の協力及び関係諸機関の援助により、広島平和記念都市を完成することについて、不断の活動をしなければならない」と定めている。同年5月11日の衆議院本会議で同法案提案者の一人の山本久雄議員は、提案理由を4点説明しているが（資料編8「付記」）、その中で「理由の第三は、憲法により、戦争を放棄したわが国が、その記念事業として、戦争により破壊した廃墟の上に、世界恒久平和のシンボルとして、全然性格のかわつた、新しい平和記念都市を建設することは、きわめて意義深い事業であり、それによつて国際信義を高揚すること多大なるものがあると考えられることであります」と述べている。

広島平和記念都市建設法は、日本国憲法の戦争の放棄・平和主義の原則を具体化した法律として制定された。したがって、広島市は、憲法及びこの法律のもとで、みずからを「平和記念都市」として建設しなければならないのである。この責務は、広島市民だけでなく、全国民が負うものであり、それはまた憲法で平和国家の建設を高らかに宣言した日本国が、全世界に対して負う責務である。

ところが、平和推進基本条例は、広島市を「平和都市」と位置づけようとしていない。本条例の前文では、広島平和記念都市建設法をあげているが、前後の文脈及び政策立案検討会議の審議からみれば、同法は広島市の復興・発展のうえで有用だったという一面的な位置づけにとどまっている。憲法及び広島平和記念都市建設法の無視・矮小化というほかない。

2010年制定の広島市議会基本条例の前文は、次のように定めている。

昭和20年8月6日、人類史上最初の原子爆弾によって壊滅的な打撃を受けた本市は、廃墟の中から、堪え難い悲しみと苦しみを乗り越えて復興に立ち上がった。昭和24年には、日本国憲法第95条の規定に基づく特別法として、全国で初めて行われた住民投票により市民の圧倒的多数の賛成をもって広島平和記念都市建設法が制定され、市民の英知とたゆまぬ努力、国内外からの温かい援助などにより、本市はめざましい復興・発展を遂げていった。

本市議会は、そうした歴史の上に立ち、今日をつくり上げてきた先人の意思を継承し、恒久平和の象徴としての平和記念都市広島の建設に努めるとともに、核兵器の廃絶と世界恒久平和の実現を全世界に強く訴え続けてきた。また、本市議会は、社会や市民の要請に的確に対応した都市づくりを進めるため、議会の有する権限を適切に行使しながら、市民の代表として、その意思を的確に市政に反映させ、もって市民の負託にこたえることを目的として活動を行ってきたところである。

この条例の11年後に制定された平和推進基本条例における広島「平和都市」建設に関するとらえ方は、かくも変貌、「劣化」したのである。

前文第3段落の「広島平和記念都市建設法……」の部分に、「憲法の平和主義のもとで」といった文章を挿入すべきであるとの市民意見が提出されたが、これを審議した第18回政策立案検討会議で山路議員は「憲法9条2項は平和憲法でない、削除すべきだ、提案には大反対」と発言し、また、若林代表は「広島平和記念都市建設法は憲法の平和主義でなく、憲法95条の特別法として作られた」と述べ、市民意見は採用されなかった。

広島市が「国際平和文化都市」であることを前文に書き込むべきであるとの市民意見も、第18回の同会議で退けられたが、その際、若林代表は「国際平和文化都市」は歴代市長が位置づけてきた都市像、これを書き込むと将来の市長を縛ることになるから、定めないほうがよい」と述べた。しかし、前述のように、「国際平和文化都市」は市議会議決の「広島市基本構想」に定められた都市像である。また、2001年制定の「広島市男女共同参画推進条例」前文も、次のように定めている。

広島市は、人類史上最初の被爆都市を「恒久の平和を誠実に実現しようとする理想の象徴」である「平和記念都市」として建設することを目的とした広島平和記念都市建設法を基に、復興に尽力した。その後、一貫して都市づくりの最高目標となる都市像に「国際平和文化都市」を掲げ、その具現化に取り組んでいるが、そこで目指す「平和」とは、世界中の核兵器が廃絶され、戦争がない状態の下、都市に住む人々が良好な環境で、尊厳が保たれながら人間らしい生活を送っている状態をいう。

以上から、これまで広島市あるいは広島市議会は、当然のように広島平和記念都市建設法を憲法具体化法ととらえ、あるいは、広島市を「平和都市」と位置づけてきたが、このようなとらえ方・位置づけに反感を抱く少なからぬ議員により、広島市を「平和都市」と規定し、性格付けることが、もはや困難になっているのである。

2　原爆被害、原爆被爆者のとらえ方・位置づけ

原爆被爆と被害は、「平和都市」広島の基本であり基盤である。平和推進基本条例は、これをどのようにとらえ、位置づけているのであろうか。同条例は、前文の冒頭（第1・第2段落）で次のように定める。

昭和20年8月6日、人類史上最初の原子爆弾が広島に投下され、広島の街は一瞬にして焦土と化し、壊滅、焼失した。当時、広島には約35万人の人々がいたと考えられているが、同年末までに約14万人が死亡したと推計され、生き残った人々も、急性障害だけでなく、様々な形の後障害に苦しめられている。

さらに、被爆者に対する結婚・就職等での差別により、後に、原子爆弾被爆者に対する援護に関する法律の適用を受けることが困難になるなどの被害もある。また、放射性物質を含んだ黒い雨による被害の議論は、いまだに続いている。

以上では、広島の街の壊滅、約14万人の死亡、生き残った被爆者の受けた急性・晩発性の健康障害、結婚・就職差別などを述べる。このような原爆被害の摘記は誤りでないが、部分的・一面的であり、その全体像をとらえていない。原爆は地域社会を総体として破壊し、人間の人格的存在を奪ったのである。前文では、このような原爆被害のとらえ方ができていない。

前文では「黒い雨による被害の議論は、いまだに続いている」としか言わないが、本条例制定直後の2021年7月14日には、広島高裁で「黒い雨」被爆者84名全員が勝訴している（確定）。

広島市と市民は、原爆被害者である被爆者の救済・援護に尽力してきたが、この旨が前文から抜け落ちている。その背景に、被爆者の援護は国の責任で行う（広島市の責任ではない）ものとの発想があるのではないかと、筆者は推測している。

3　核兵器禁止条約のとらえ方

政策立案検討会議の条例案は、「核兵器の廃絶」を掲げながら、核兵器禁止条約に触れようとしなかった。前文にこの条約が発効していることを記述することを求める市民意見は、第18回会議で4人の委員（中森、桑田、碓氷、若林）が賛成したが、3人（三宅、山路、椋木）の委員が反対したため、退けられた。

成立した本条例の前文は、第7段落で「今日、核兵器の廃絶に向けては、核兵器禁止条約の発効など、世界的にその機運は高まっているものの、実現まではいまだ多くの課題がある」と定め、「核兵器禁止条約の発効など」の文言が加えられている。

この追加は、6月21日の各派幹事長会議が行ったものである。

広島市議会は、2020年10月27日に「核兵器禁止条約の実効性を高めるための主導的役割を果たすことを求める意見書」を採択している（資料編5の⑵）。なぜこの内容を本条例に書き込むことができなかったのか。

Ⅱ 「本則」について

1 狭い「平和」の定義（第2条）

第2条は、「平和」を次のように定義する。

「この条例において『平和』とは、世界中の核兵器が廃絶され、かつ、戦争その他の武力紛争がない状態をいう」

この定義は、本条例の最初の案から変わっていない。

しかし、これまで広島市は、必ずしもこのように「平和」をとらえ定義してきたわけでない。繰り返しになるが、男女共同参画推進条例の前文では、「平和」を「紛争や戦争のない状態だけをいうのではない。すべての人が差別や抑圧から解放されて初めて平和といえる」と定義し、さらに具体的に「男女においては、性別による差別がなく、対等のパートナーとして責任を分かち合い、個性や能力を十分に発揮できる社会を実現することが必要である。それは、本市が目指す国際平和文化都市に欠かせない要件の一つである」と定めている。また、「広島市基本構想」（２０２０年議決）でも、「そこで目指す『平和』とは、世界中の核兵器が廃絶され、戦争がない状態の下、都市に住む人々が良好な環境で、尊厳が保たれながら人間らしい生活を送っている状態をいう」としている。

これら二つの「平和」をくらべれば、本条例のそれが狭小な定義であることは明らかである。同じ広島市議会が議決したものでありながら、なぜ「平和」の定義を変更しなければならないのかは、明らかでない。こうして広島市は、「平和」について二つの定義を使い分けなければならないことになった。また、このように狭く「平和」を定義したため、「平和の推進に関する施策」を具体的に定める第７条の内容と齟齬をきたすことになった。

2　削除された「市民の協力義務」（第５条）

政策立案検討会議の最終の条例案（資料編２の⑶）第５条は、「市民は、本市の平和の推進に関する施策に協力するとともに、平和の推進に関する活動を主体的に行うよう努めるものとする」と、広島市が行う施策に対する市民の協力義務が定められていた。これに対して、強い批判が出された。たとえば、広島弁護士会長声明（2021年2月12日）は、「これまでの拡声器の音量を規制する条例を制定しようとした経緯に鑑みれば、本条例案第5条は、罰則等を伴わない責務規定であるとしても、広島市が実施する平和の推進に関する施策について協力要請があった場合には、市民は、その意見等にかかわらず全面的にこれに応じなければならないかのようにも解し得、規制の根拠規定とされる懸念がある」と指摘した。

市民意見を審議した2021年5月19日の第20回政策立案検討会議では、「削除」意見が大勢を占めたが、1人の委員（碓井）が反対したため、削除されなかった。削除案を決めたのは、6月21日の各派幹事長会議であり、これが成立条例の第5条となった。

3 平和記念日と平和記念式典（第6条）

本条例は、国の「基本法」にあたる「基本条例」として制定された。基本法については「国政の重要分野について、国の政策、制度の基本方針を明示する法律」と説明されるが（『有斐閣法律用語辞典』）、これにならえば、基本条例とは自治体の政治行政の重要分野について、政策、制度の基本方針を明示するものということができる。したがって、基本法、基本条例に示された基本方針を具体化する個別の法律、条例が制定されることになる。ところが、本条例は、個別の具体的な施策である「平和記念日」及び「平和記念式典」を定める。基本条例の在り方としては、異例・異常である。なお、本条例を具体化した個別の条例は、いまだ制定されていない。

以上を踏まえつつ、個別施策を定める第6条について検討する。

(1) 平和記念日（第6条1項）

第6条1項は、「毎年8月6日を平和記念日とする」と定める。

8月6日は、広島市民の中では、「原爆の日」という呼び名が定着している。市民意見の中にも「原爆の日」と改めるべきとするものがあったが、受け入れられなかった。1991年に制定された「広島市の休日を定める条例」1条1項4号の「8月6日（平和記念日）」を踏襲したのである。

なお、政策立案検討会議の第3次案では、本項に「原子爆弾による死没者の霊を慰める」との文言があったが、2020年12月21日の第14回で、「霊を慰める」には宗教的な性格があるとの指摘を受けて、「原子爆弾による死没者を追悼する」に改められた。しかし、第6

条2項に用いられている「慰霊式」については、「原爆死没者慰霊式並びに平和祈念式」は固有名詞であるとして、改められなかった。首尾一貫しない態度の裏側には、何としても「慰霊」という文言を残したいという意向が透けて見える。

(2) 平和記念式典（第6条2項）

市民意見募集の際に示された「条例（素案）」の第6条2項は、「本市は、平和記念日に、広島市原爆死没者慰霊式並びに平和記念式を、市民の理解と協力の下に、厳粛の中で行うものとする」というものであった。

第21回政策立案検討会議で、「厳粛は削除すべきだ。そもそも基本条例に第2項のようなものを定めるのには違和感がある」という意見が出された（中森議員）。この点に関わって、前述の広島弁護士会長声明は、「広島市が、本条例案第6条2項の規定、あるいは同第5条及び平和の推進に関する施策を定めた規定（同第7条各号）をも根拠に、会場周辺で意見表明等を行う市民に対し、平和記念式典中の『厳粛』のために、拡声器の使用や音量について、あたかも条例上の義務であるかのように『理解』と『協力』を求めつつ、事実上の拡声器の使用禁止を迫ることとすら懸念される。（中略）このことによる市民の表現行為に与える委縮効果は大きなものとなり、市民の表現の自由が制約されるおそれがある」と指摘した。

このような意見に対する反論として、2019年6月25日広島市議会「広島市原爆死没者慰霊式並びに平和祈念式が厳粛の中で挙行されるよう協力を求める決議」（資料編5の⑴）が持ち出された。また、若林代表は「第6条2項は平和記念式典の本来の在り方を定め、広島市に義務付けるもの。『市民の理解と協力の下』は市民や団体との話合い、調整を広島市に義務付けているもの、広島市民（以外の人）にも厳粛にしていただくように、広島市に義務付けている」と発言した。

こうして、「厳粛」削除及び第2項削除を求める意見は退けられた。

筆者は、第2項は思想（内心）の自由、表現の自由の侵害の根拠となり得ると考えている。その理由を略述しよう。この規定は広島市に対する義務付けである（2021年6月25日市議会本会議における本条例案の「提案理由説明」の宮崎議員）。義務付けられた広島市及びその職員は、市民に対し「理解と協力」を求めるとともに、式典が「厳粛の中で」行われるよう働きかけなければならない。「厳粛」の語義は「おごそかで、心が引き締まるさま」（広辞苑）であるが、広島市および職員は、市民の心に立ち入り、厳かで心が引き締るよう働きかけなければならない。このような働きかけが実際に行われれば、市民の内心の自由の侵害、ひいては表現の自由の侵害が生じる。

なぜこのような「平和都市」にふさわしくない条例が制定されたのだろうか。これに対する筆者なりの答えは、本条例前文について述べたことがそのまま妥当するので、繰り返さない。

ひと言付け加えれば、本条例の制定を主導したのは広島市議会の保守系議員であった。広島市議会に保守右派的な議員が多いのは今に始まったことでないが、中央官僚出身の松井一實氏が市長となり、その力はより強まったとみられる。このような広島市政の政治状況の「変化」を抜きにして、「平和都市」を自認してきた広島市を自己否定するかのような本条例の制定は考えられない。

平和推進基本条例が制定されて3年になる。この間に見られる広島市の「平和行政」の「変化」については、8・6平和記念式典の会場の平和公園の警備強化とともに2024年から入域制限などの規制措置が実施され、広島市教委が平和教育のため作成していた副教材から『はだしのゲン』が削除され、同様にビキニ水爆実験による「第五福竜丸」被災事件に関する記述が削除されたこと、平和記念公園とハワイ・パールハーバー「国立記念公園」との姉妹公園協定の締結などを挙げることができる。これらの「事象」が本条例の制定と無関係であるとは考えられない。

「平和都市広島」が危機に瀕している。

第3章

覚書　広島市平和推進基本条例の制定過程

田村 和之

本稿の目的は、「広島市平和推進基本条例」の制定過程を跡付けることである。本条例の制定に至る「事実」を拾い出し、年月日の順に記述する。読者には、これを手掛りに、本条例はどのような過程を経て定められたのか、どのような内容なのか、何を目的にしており、どのような意義を有するのかなどを調べ、知る手掛りにしていただきたい。

以下では、まず本条例制定の「前史」を日誌風に跡付ける。ついでⅠで、約2年間に24回の会議を行って条例案を起案した「広島市議会政策立案検討会議」（以下では「政策立案検討会議」という）の審議の主な内容を、「会議録」（広島市公文書館に所蔵されている）により跡付け、確認する。

次にⅡで、同会議が「広島市平和推進基本条例案」を策定した後、同案が広島市議会本会議に上程されるに至る過程を跡づける。最後にⅢで、市民の動きを記録する。

前史

2017年9月11日　広島市議会「平和推進・安心社会づくり対策特別委員会」初会合

2019年9月11日　記者会見で、広島市長8・6集会「暴騒音規制」アンケート検討

2019年3月　広島市議会「平和推進・安心社会づくり対策特別委員会報告書」

「被爆者の高齢化も一段と進み、被爆者自身から被爆体験を直接聞けなくなるという現実を迎えようとしている中で、被爆者の願いを次の世代へ継承していくため、平和の推進に関する条例について、改選後に取組を進めることとしている議会による政策立案を行うための仕組みの中で、条例案策定に向けて検討されたい」と提言（提言2）

（2019年4月　議員改選）

2019年6月5日　各派幹事長会議において山田議長が、最初に取り組むべき事項として、前期の「平和推進・安心社会づくり対策特別委員会」からの提言を受け、平和の推進に関する条例の制定に取り組んではどうか」と提案し、その旨を決定し、委員8人（各会派より1人）を選出した。

2019年6月7日　「広島市議会政策立案検討会議規程」（議会訓令1号）制定

2019年6月25日　「政策立案検討事項調整会議」初会合、6月5日の各派幹事長会議の決定事項が報告された。

2019年6月25日　広島市議会「広島市原爆死没者慰霊式並びに平和祈念式が厳粛の中で挙行されるよう協力を求める決議」議決

Ⅰ　平和推進基本条例案の策定過程

本条例の原案は、広島市議会内に議員8人（後に9人）により構成された政策立案検討会議が、２０１９年7月から２０２１年6月までの約2年間、24回の会合を行い（この間に2回の各派幹事長会議が、条例案のとりまとめに関わる会合を行った）、策定した。２０２１年６月８日、政策立案検討会議は条例案を議長に提出した。その後、各派幹事長会議の議論を経て部分的な修正が行われた条例案が、同年6月25日の市議会本会議に上程・可決された。

以下では、まず、24回の会合の概要を略記し、条例原案がどのようにして形成されたかを明らかにする。次に、この条例原案が議長及び各派幹事長会議で修正された過程のあらましを叙述する。

1　政策立案検討会議における条例原案の形成

第1回　2019年7月18日

山田議長が挨拶し、前期の議会改革推進会議の検討を経て、政策立案検討の仕組みが構築された、各派幹事長会議から依頼された事項について、市長等への政策提言、政策条例の立案を検討してほしいと述べる。

調査法制担当課長が、前期の「平和推進・安全社会づくり対策特別委員会」の提言「平和の推進に関する条例案の策定に向けて」などについて説明した。次に6月5日の各派幹事長会議では最初に取り組むべき検討事項は平和の推進に関する条例と決定され、この旨が6月25日の「政策立案検討事項調整会議」に報告されたと説明した。

若林議員を代表、碓氷議員を副代表に選任した。

第2回　2019年8月30日

平和推進課長及び被爆体験継承担当課長が、平和首長会議、平和意識の醸成、被爆体験の伝承・継承、平和記念資料館、他団体との連携、平和推進関連条例など（広島平和記念都市建設法、広島平和記念資料館条例、原爆ドーム保存事業基金条例、広島市役所事務休停日条例、広島市の休日を定める条例、広島市議会議決「核兵器廃絶広島平和都市宣言」１９８５年7月）などがあること、広島平和記念都市建設法は平和行政の根拠法であり、広島市を平和記念都市として建設すること、市長は平和記念都市の建設のために不断の活動をしなければならないと定められている、理念的な部分は生きている、今は国からの補助金はないなどと説明した。

若林代表が、二つのワーキンググループの設置を提案し決定。
総務グループ（会議の資料を作るなど）、碓氷（座長）、中森、桑田
調査グループ（文案を作る）三宅（座長）、山路、大野

第3回　2019年9月30日

若林代表が、有識者、関係団体のヒアリングについて提案。碓氷座長よりスケジュール、調査の対象者・団体、アンケート調査実施などについて提案。

第4回　2019年12月9日

若林代表より、視察計画（横浜市、鎌倉市、藤沢市）を提案。アンケート調査の実施状況についての報告。

第5回　2020年1月8日

1月16日、1月17日に3市の視察を予定している。
アンケート調査の回答の中間集約状況などについて、配付資料により説明。

第6回　2020年2月14日

3市視察・アンケート調査について報告。
調査グループ座長の三宅議員が「平和推進・安心社会づくり対策特別委員会報告書」及

び制定すべき条例の目的などについて発言した。山路議員が条例に核兵器禁止条約を盛り込むことは反対と発言した。「平和」の意義について活発な議論がされた。

第7回　2020年4月21日

資料1「条例制定に関する各委員の意見」

資料2「政策条例の区分、モデル」

資料3「政策条例の構成」

資料4・5「アンケートの結果の報告」（ウェブ掲載）

が配布された。市政調査担当課長が、資料2及び3について「前文」はつける、目的、定義、基本理念・原則をいれる、事業者・市民等の役割・責務も必要などと説明した。

条例の内容について委員が自由に発言したのち、調査グループに「前文」のたたき台を起案してもらうことを確認した。

（委員の発言で目についたもの）

核兵器廃絶に特化することにより、世界恒久平和を追求する（山路議員）。

あれもこれもだとぼやける（三宅議員）。

飢餓、貧困、差別まで入れると広くなりすぎる（中森議員）。

飢餓、貧困は言葉としては入れない（若林代表）。
若林代表が「平和」の定義は広島市の位置づけ（基本構想など）と同じものとすると述べた。

第8回　2020年5月21日

調査グループが「前文の骨格」（たたき台）を提出。三宅座長が説明し、質疑応答、意見交換が行われた。

第9回　2020年7月20日

（椋木議員が委員となり、調査グループに加わる。）
調査グループ三宅座長が「前文」案（「前文」第1次案、資料編2の⑵を読み上げて説明した。「後障害」「絶対悪」という文言を用いるか否か、核兵器禁止条約を盛り込むかなどについて意見交換が行われた。

第10回　2020年8月26日

総務グループが「前文」第1次案の文言整理などをした案（「前文」第2次案、資料編2の⑵）を提出し説明した。
調査グループが本則（1〜10条、附則）案（「本則」第1次案）を提出し説明した。

第11回　２０２０年10月20日

両グループ間で案文の調整をした修正案（「前文」第3次案、資料編2の⑵）を提出し、若林代表が説明した。この案の文言を事務局が修正した「前文」第4次案（資料編2の⑵）が提出され、これを「基本的な案」とすることにした。山路議員が「第6条2項修正案」を提出した。両グループ間で調整後の案（「本則」第2次案）及びこれを事務局が修正した案（「本則」第3次案）が提出された。

第12回　２０２０年10月27日

山路議員が第6条第2項の再修正案（「厳粛の中で行う」旨の文言を加える）を提出し、提案どおりに修正された。若林代表が「これで素案が一応固まった」と確認し、「次回は理事者の意見を聞く」ことにした。

第13回　２０２０年12月1日

第12回で確認した「素案」に対する市執行部の意見が提出され、説明があった。意見交換の後に、「執行部修正案」を「本則」第4次案とし、「前文」第4次案と統合して政策立案検討会議案（「素案」）として議長に中間報告することにした。

２０２０年12月3日　若林代表が各派幹事長会議に出席し、当日現在の条例案（素案）を説明し、12月15日までに会派の意見をまとめておいてほしいと依頼した。

２０２０年12月15日　各派幹事長会議で、各会派の意見が以下のように報告された。

宮崎幹事長（自由民主党・市民クラブ）新たに10条を加え、「国との連携」を定める。（「国との連携なしでは実現出来ない」）第６条２項に「かつ静謐」を加える。

厳粛と静謐は意味が違う。

三宅幹事長（自由民主党・保守クラブ）「素案」でよい。

碓氷幹事長（公明党）会派として意見をまとめられなかった。

竹田幹事長（市政改革ネットワーク）前文の４カ所の文言の修正、第４条の「長崎市市議会等と連携し」を削除する。

太田幹事長（市民連合）「知らない」のは、「子どもたち」だけでない。

中森幹事長（日本共産党）被爆者援護の観点と被爆者がはたしてきた役割を書き加える。日本がアジアの人々に甚大な被害を与えたことを記述する。４条の市民の協力義務を削り、市民参加、情報公開を加える。第６条の「厳粛」「慰霊」を削る。第９条は「必要な財政上の措置を講ずる」とする。

山田議長によるまとめ　各会派の意見は若林代表に返す。若林代表は政策立案検討会議で協議検討し、各会派でよく相談してほしい。

第14回　2020年12月21日

若林代表が、冒頭、12月15日の各派幹事長会議に各会派の意見が出され、これを受けて議長よりさらに詰めてほしいと要請されたと発言した。

若林代表が、各派の意見の取扱いについて、「素案」は全員の合意でできたものだから、当会議の委員全体（全員）の合意が得られなければ原案を生かす、と発言し、確認された（会議録4頁）。

第5条、第6条1項の「平和の礎」について議論があったが、「素案」のとおりとした。

第6条1項の「霊を慰める」は「追悼する」に改め、2項の「慰霊式」はそのままとした。

第6条2項の「厳粛」を「静謐」に改める案については、意見がバラバラなので「素案」のとおりとした。

第15回　2020年12月23日

A3判の資料が配布され、各派の意見（追加）が検討された。主な点は次のとおり。

「被害」を「実態」に改める提案は受け入れない。

「被爆者援護の観点」と「被爆者が果たしてきた役割」は明記しない。

「様々な困難もあり、被爆者の努力もあり」は取り入れない。

「アジアの人々に甚大な被害…」は取り入れない。国の戦争責任は条例の範囲でないから。

「原子爆弾の惨禍による」は原案のままとする。

第5条は努力義務規定であり、強制でないので原案のままとする。

「平和の礎」はそのままとする。

「原爆死没者慰霊式」は固有名詞なので、そのままとする。

「平和記念式典」を書くのはバランスを欠く（第6条2項削除）との意見については、原案のままとする。

政策立案検討会議の「素案」について、パブリックコメントを行う。期間は2021年1月15日～2月15日とした。

第16回　2021年3月18日

市民意見募集の結果について、市政調査担当部長が配付資料（意見提出者数・提出数、市民意見一覧79頁のもの）により説明した。

条例案の2月議会提案は難しいことを確認し、市民意見について協議を続けることとした。

市民意見への対応は、全会一致を原則とするとした。

第17回　2021年4月1日

資料（市民意見を整理したもの）が配布され、これに基づいて、市民意見についてどのように対応するか協議した。項目は次の六つ。

㋐本条例案の作成の経緯と制定の趣旨を詳しく説明すべきである。
㋑市民への周知、市民との対話・議論が不十分である。
㋒市民ニーズをどのようなものとして把握しているか。
㋓本条例をどのように生かすか。
㋔本条例の提案理由及び条文ごとの説明が必要である。
㋕市民意見募集の期間が短い。

以上についていろいろ意見が出されたが、改めて検討するとの合意はされなかった。

第18回　2021年4月15日

「前文」に関する市民意見を九つの項目に整理したものが配布され、これにより議論した。

年号の併記については、原案どおり（元号のみ）とした。

「グローバル・ヒバクシャ」*という記述を盛り込むべしとの意見は取り入れないとした。

「国際平和文化都市」と書くべしとの市民提案については、3人の委員（碓氷、碓井、桑

＊グローバルヒバクシャ
原爆が投下された広島・長崎の被爆者に限定されない、核実験場の周辺住民や、ウラン鉱山の採掘作業員、核実験に携わった人、商業用の原発事故の被災者など、核兵器や原子力の開発により生み出された、世界各地の核被害者のこと。

田）が賛成意見を述べたが、意見が分かれたので原案どおりとした。

「原爆はアメリカが投下した」と書くべしとの市民意見について、２人の委員（中森、碓井）は賛成したが、意見が分かれたので原案どおりとした。（碓井議員が辞めると言い張る。午後から欠席）

「朝鮮の人などが被爆したことを書き込むべき」との意見については（中森議員は賛成）、意見が分かれたので原案のままとした。

被爆２世・３世を盛り込むべしとの意見（中森議員は賛成）は、取り入れないとした。

原爆死没者数の表記は原案のとおりとした。

「黒い雨」被害について盛り込むとの市民意見について　３人の委員（中森、桑田、碓氷）は何らかの形で書き換えるべしとの意見を述べたが、原案のままとした。

「平和記念都市建設法……」という部分は「憲法の平和主義のもとで」といった文章を加えて書き改めるとの市民意見について。山路議員は「明確に反対。憲法９条２項は平和憲法でない、削除すべきだ、提案には大反対」と述べた。若林代表は広島平和記念都市法は憲法の平和主義でなく、憲法第95条の特別法として作られたなどと発言した。原案のままとした。

「ヒロシマの心」「平和宣言」「被爆の実相」「資料館やドームの訪問のみ強調」などについて、意見が分かれたので、原案のままとした。

「平和教育」「平和研究を記述すべし」との市民意見について、前文に記述する必要はないとした。

「被爆75年を迎え」は、「被爆から75年が過ぎ」に改めるとした。

「（原爆を）知らない子どもがいる」との記述は再検討すべしとの市民意見については、意見が分かれ、原案のままとした。

核兵器禁止条約の発効について記述すべしとの市民意見について。「発効した事実は書くべきだ」とする委員（中森、桑田、碓氷、若林）と、核兵器禁止条約批准は個人的には反対（山路）など書き込むことは不要とする委員（三宅、椋木）に分かれたので、原案のまとめとした。

第19回　2021年4月30日

第2条「平和」の定義について、「修正すべし」（中森、桑田、碓氷、碓井）との意見が出され、若林代表は「最終確認は改めて行う」と発言した。後法優先原則により「平和」の定義が変わるのでないかという市民意見については、事務局に法的な検討を依頼した。

三宅議員が「地方自治法には平和行政の根拠となるものはない」と発言した。

第20回　２０２１年5月19日

「平和」の定義について。市政調査担当部長が「後法優先原則」について、この条例と男女共同参画条例とでは目的が異なること「この条例においては」とし定めていることの2点により、この法原則は適用されないと説明。この結果、「平和」の定義は原案のままとした。

第3条の「本市の責務」は、原案のままとした。

第4条は原案のままとした。

第5条の「市民は……協力する」を削るかどうか。削るとの意見（桑田、中森、三宅、山路、大野、碓氷、若林）と、原案のままとする意見（碓井）に分かれた。碓井議員が「多数決で決めろ」と発言したが、山路議員は「前例ができるからダメ」と反論し、暫時休憩とした。再開後、碓井議員が「元のまま」と発言し、全員一致とならないので、原文のままとした。

第21回　２０２１年5月26日

第6条に関する市民意見（もっとも多かった）について議論した。

1項「平和記念日」について。意見が一致しないので原案のままとしたが、委員から次のような意見が述べられた。

（中森）「原爆投下の日」に変えてはどうか。「核兵器廃絶」を加えてはどうか。「祈念する」を「実現を誓う」に変えてはどうか。

（山路）「核兵器廃絶」は付け加えたほうがよい。

（三宅、碓氷、桑田、山路、椋木）原案でよい。

（碓井）「原爆が投下された日」がよい。


2項に関する市民意見も多かった。修正意見が出されたが、原案のままとの意見が多く、そのようにした。

（中森）「厳粛」は削除する。6条2項は基本条例として違和感がある。2項は削除すべき。

（桑田）「市民」以外の人もいるから「市民等」にしてはどうか。

（椋木）「厳粛の中で挙行する」という議会決議がある。

（三宅）「式典の間、厳粛にしてくれとしているだけで、一日中厳粛にとしているわけでない」ので、表現の自由の制限にはならない。

（若林）第6条2項は平和記念式典の本来の在り方を定め広島市に義務付けるもの、「市民の理解と協力の下」は市民や団体との話合い、調整を広島市に義務付けているもの、広島市民以外の人にも厳粛にしていただくように、広島市に義務付けている。

「市民等」と修正するかどうかは、事務局の意見を聞くことにした。

第22回　2021年5月28日

第7条から第10条に関する意見について。

第7条については、結論として原案のままとした。委員から出された主な意見・提案は次のとおり。


（中森）「被爆者援護を一層進めるための施策」「平和教育、平和研究を進めるための施策」を加える。

（桑田）「平和教育」を入れたらどうか。

（山路）平和教育、被爆資料、被爆建物等の保存も入れるべき。

（碓井）平和教育は入れるべき。

（若林、三宅）被爆者援護事業は基本的には国の事業である。平和教育は「平和意識の醸成」に含まれる。


第8条、第9条、第10条　附則　原案のままとした。

なお、三宅議員は、平和推進は地方自治法上、地方自治体が行う事務に含まれていないから第9条が必要であると発言した。

第23回　2021年6月1日

第6条2項の「市民」を「市民等」とすることについて、市政調査担当部長の説明。「市民等」とする意見と、原案でよいとの意見に分かれたので、次回会議で審議することとした。

第1条の「目的」規定について　原案のままとした。

条例名について。改めて次回に審議するとした。

第24回　2021年6月7日

条例名を「広島市平和推進基本条例」とした。

碓井議員の反対があるので、「市民等」に修正しない。

中森議員が第6条2項に「厳粛」という文言を用いることの問題性を指摘し、本条例案を承認できない旨を表明した。

Ⅱ　その後　―本会議上程へ

2021年6月8日　「政策立案検討会議検討結果報告書」を議長に提出

2021年6月15日　各派幹事長会議で「政策立案検討会議検討結果報告書」の取扱いについては「持ち帰り」とする。

2021年6月18日　各派幹事長会議で、各会派から下記の意見が報告された。

宮崎幹事長（自由民主党・市民クラブ）　核兵器禁止条約が発効したという事実は、「入れた方がいい」。第5条の「本市の平和の推進に関する施策に協力するとともに」は、「削除した方がいい」。第6条2項の「市民」は「市民等」にした方がいい。

三宅幹事長（自由民主党・保守クラブ）　前文7段落目に「核兵器禁止条約の発効など」という事実を載せるべきである。第5条は「市民は、平和の推進に関する活動を行うよう努めるものとする」とする。第6条2項は「市民等」とする。

竹田幹事長（市政改革ネットワーク）　意見なし

碓氷幹事長（公明党）　三宅幹事長と同じ意見。第5条の「主体的に」も削除する。

太田幹事長（市民連合）「厳粛の中で」を削除する。

中森幹事長（日本共産党） 市民意見をもっと検討すべき。採決は拙速である。
大野幹事長（清流クラブ）「素案」でいいが、今だされている3カ所は、修正していい。
山田議長が、提起されている3カ所を修正した条例案を6月21日に示したい、と述べた。
2021年6月21日 市議会ウェブサイトに「広島市平和推進に関する条例（仮称）素案に対する市民意見募集の結果及び提出された意見の概要と政策立案検討会議の考え方」が公表された。
2021年6月21日 各派幹事長会議で、山田議長は、正副議長で協議した「素案」の修正案を示し、この案をもとに提案に向けて検討してほしいと要請した。
2021年6月23日「広島市平和推進基本条例の制定」議案（議員提出5号）が提出された。（提出者）宮崎誠克、三宅正明、碓氷芳雄、竹田康律、碓井法明、大野耕平、椋木太一、若林新三
※6月18日時点で有力であった3カ所の修正が取り入れられて「提出案」になった。
2021年6月25日 広島市議会本会議で審議。宮崎誠克議員が「提案趣旨説明」をし、馬庭恭子議員及び中原ひろみ議員が「反対討論」をした。賛成多数（42人）で可決・成立。反対議員9人（日本共産党5人、馬庭、山内、山本、児玉）、1人退席（市政改革ネット）。
6月25日 松井市長「可決についてのコメント」

6月29日　広島市平和推進基本条例公布・施行（条例50号）

Ⅲ　市民などの動き（2021年2月～同年8月）

2月8日　オンライン討論会（広島自治体問題研究所主催）
2月12日　広島弁護士会長声明
2月15日　オンラインによる議論（平和推進条例の改善を求める市民キャンペーン・ハチドリ舎主催）
2月17日　広島県原爆被害者団体協議会（坪井理事長）「意見書」提出
原水爆禁止広島県協議会「意見書」提出
静かな8月6日を願う広島市民の会など3団体「声明」を提出
2月22日　平和推進条例の改善を求める市民キャンペーン「要望書」提出
4月10日　静かな8月6日を願う広島市民の会「勉強会」約70人参加
5月14日　第2回オンライン討論会（広島自治研主催）
6月4日　広島県被団協（佐久間理事長）、広島県原水協「要望書」提出
6月6日　オンライン討論会（ハチドリ舎×平和推進条例の改善を求める市民キャンペーン）

6月11日 広島弁護士会長声明
6月13日 田村和之「中国新聞」広場
6月14日 広島県被団協（坪井理事長）「要望書」提出
6月18日 広島県原水協など8団体「請願」
6月19日 渡部久仁子「中国新聞」今を読む「オピニオン」
7月17日 田村和之「広島市平和推進基本条例と広島（ヒロシマ）」（講演）
7月25日 宮崎園子 『ジャーナリスト』760号（2021年7月25日）
8月6日 宮崎園子「広島市平和推進条例」異議続出 『週刊金曜日』2021年8月6日・13日合併号

第4章

市政と憲法

金子 哲夫

広島市平和推進基本条例は、議員立法によって成立した初めての広島市条例だといわれている。そしてこの条例は、日本国憲法の理念の基にあることは当然なことだと思う。

ところで、この条例は、第10条の委任規定として「この条例の施行に関し必要な事項は、市長が定める」と規定している。この条文を読む限り、条例の施行にあたって、広島市長が果たす役割は多きものがある。ところが、最近広島市政をめぐって起きている出来事は、この条例の基ともいえる日本国憲法の理念に沿った市政が進められているのかという疑問を抱かざるを得ない。

その一つが、市の新人職員研修において松井一實・広島市長が、憲法の国民主権に反するものとして1948年6月に国会の両院で「排除」及び「失効」の決議された「教育勅語」を「研修資料」として引用した講話を行ってきたことである。

そこで思い出すのは、平和推進基本条例が制定された同じ年、2021年の9月議会で起きたことである。この議会に対して、市民から「広島市職員の『宣誓書』に憲法尊重擁護を記載することを求めた請願」が提出された。広島市は「国際平和文化都市像に憲法理念が込められている」と拒否したが、突然今年（2024年）2月21日の委員会審議の中で「一定の修正の余地がある」と答弁し、3月18日に市長の決裁を得て、憲法尊重擁護義務が追加される修正がなされた。

本稿では、この服務規定をめぐる広島市の答弁や市長説明を辿り、広島市平和推進基本条例にもみられる、広島市政の憲法軽視の姿勢を指摘し、条例の将来を考える。

2021年9月広島市議会

筆者は「広島市職員の『宣誓書』に憲法尊重擁護を記載することを求めた請願」が審議された議会を傍聴した。請願者は、提出の理由を次のように述べていた。「①公務員は、憲法99条に定められた憲法尊重擁護義務がある②国家公務員・裁判所の職員・広島県の職員の宣誓書には憲法を遵守することが書かれている」。これだけでは分かり難いと思うが、国、地方自治体の職員になったときには、最初に「憲法を尊重擁護する」という内容の「服務宣誓」を行なうことになっている。この「服務宣誓」を行なわなければ、「服務を行なってはならない」（福山市条例）ほど、公務員にとっては重要なこととなっている。

問題は、その服務宣誓書の中身である。筆者が調べた限り、この時点では少なくとも政令市では広島市を除く全市の「服務宣誓書」は、若干の表現の違いはあるものの「私は、ここに主権が国民の存することを認める日本国憲法を尊重し、かつ、これを擁護することを厳かに誓います」と憲法を尊重擁護することが明記されている。ところが、広島市の服務宣誓書は、政令指定都市となった後の1983年に改正された。改正前の「宣誓書」は、「私は、ここに主権が国民の存することを認める日本国憲法を尊重し、かつ、これを擁護することを厳かに誓います。私は、地方自治体の本旨を体するとともに公務を民主的かつ効率的に運営すべき責務を深く自覚し、全体の奉仕者として、誠実かつ公正に服務することを固く誓います」と、他の自治体と同じように「憲法尊重擁護」を宣誓する内容となっていた。それが、「私は、国際平和文化都市をめざす広島市の職員として、その職務が広島市民全体から信託された公務であることを深く自覚し、市民のために、市民の立場に立ってその職務に積極的に取り組み、広島市職員としての誇りを持って市民福祉の向上に全力を尽くすことを誓います」となったのである。

さらに奇妙なことは、この1983年の「職員の服務の宣誓に関する条例」の改正の際、宣誓書の内容が「任命権者が定める様式」とされているだけで、他自治体のように条例以外に「職員の服務の宣誓に関する」規則や規定がないのである。任命権者の意思次第で、その内容も変えることができる不思議な条例である。

2021年9月議会で、広島市は次のように答弁している。

被爆の廃墟から復興し、昭和55年、１９８０年に政令指定都市へと発展を遂げたことを機に、熟慮ののち昭和58年、１９８３年に改め、以降40年近くにわたり用いており、良い宣誓書との評論もあるところです。宣誓書にある「国際平和文化都市」は、唯一本市だけが掲げるものであり、憲法や地方自治法の理念が流れ込んでいるものと考えています。だから、宣誓書の内容を変更することは考えていません。99条は、職員になったとき必然的に、憲法を擁護することになっておりまして、職員はその意識を持っていると考えている。「国際平和文化都市」まちづくりの最高目標を都市像として掲げている。そこには当然、憲法の理念というものが込められているものと考えています。

ここに流れる考え方に、「国際平和文化都市」と言えば、「憲法や地方自治法の理念」を越える思想だという思い上がりを感じるのは、私だけだろうか。そこには残念ながら、日本国憲法の理念を軽視する姿があるように思えてならない。

2024年2月21日委員会審議

広島市職員の服務宣誓書への「日本国憲法を尊重し擁護することを誓う」の文言を盛り込むことを議員から要望されてもかたくなに拒否し続けていた広島市が、突然今年(2024年)2月21日の委員会審議の中で「一定の修正の余地がある」と答弁した。ちなみにこの質疑者は、これまで繰り返し、服務宣誓書への「日本国憲法を尊重し擁護することを誓う」の文言を入れるべきだと質した議員だった。

3月14日のこの議員からの「4月の『服務宣誓』では変更したものを使用してほしい」との要望に対し、人事課長は次のように答弁している。情報公開請求で得た資料に記載された全文を紹介する。

現下の世界情勢は、ロシアによるウクライナ侵攻が長期化し、核兵器の使用リスクが懸念されていることに加え、他の保有国においても核兵器の近代化や増強が図られるなど、「国際平和文化都市」を目指す本市がこれまで経験したことのないような極めて緊迫した状況にあります。こうしたことから、宣誓書については、本年4月以降に新たに採用する本市職員に、憲法を尊重し、擁護する義務を負うという自覚をより一層促すための修正を行ないたいと考えています。

この市の説明を報道で知ったとき、筆者は驚愕した。国際情勢によって憲法尊重擁護の文言を服務宣誓書に入れるとはどういうことだろうか。国際情勢が変われば、憲法の条文解釈も変わるということなのだろうか。あまりにもとってつけた理由で、私には到底納得のできるものではなかった。

その後広島市人事課によって、当初二つの修正案が作られた。そして最終的には「私は、国際平和文化都市を目指す広島市の職員として、日本国憲法を尊重し、かつ、擁護するとともに、その服務が広島市民全体から信託された公務であることを深く自覚し、（以下略）」と追加する修正が3月15日に起案され、3月18日に市長の決裁を得てなされた。

この修正追加の意図について4月12日の記者会見で、松井市長は次のように答えている。

実は、今回の修正っていうのは、議会でのやりとりがありまして、そこで答弁したということもありましたので、この機会にということで、やるということに。そういうのはある意味で直接的なきっかけであるんですけれども、よくよく考えてみれば、先ほど来申し上げているように、現下の極めて緊迫した世界情勢の中で、核兵器使用のリスクが懸念されている。そして、われわれ、公務員というもの、今まで「国際平和文化都市」を目指す、この国際平和文化というのを、先ほどの条文、資料を見ていただければ分かると思うんですけれども、国際平和という言葉は９条。「日本国民は、国際平和を誠実に希求し」とあります。

こういった国際平和という言葉を９条でも使っているから、昭和45年に広島の都市づくりとして、「国際平和文化都市」を目指すということを、この市は決意しているんですね。そういう意味で、憲法をしっかりと受け止めた宣誓だというんですけれども、直接的に、ここでいう99条の『公務員は、この憲法を尊重し擁護する義務を負う』といっているんですから、それをここで確認すればいいんじゃないかというようなことを言われたので、今までもずっと職員は、それをやってきたんですから、いいと思うんですけれども、改めてこういったことで、ここに引用するというか、そういった文章を作ることで、このような状況の中で、新しい職員に自覚してもらえるかなというふうなことも考え、このタイミングで憲法尊重擁護という言葉を入れておくのは効果的かなと、有意義なことかなと思って入れるようにしています。

これを読んでもっとも理解できないのは、「国際情勢の変化」で「服務宣誓書の憲法尊重擁護義務」を入れることになった理由である。その点を明確化しようと、広島市人事課に問い合わせたところ「これまでの議会答弁は、改正前の宣誓書には、憲法に掲げる基本理念に基づいて、本市職員が職務に当たる上での心構えを詳細に記載していることから、変更する必要はないとするものでしたが、この度の改正は、現下の極めて緊迫した世界情勢を十分に考慮し、一定の修正を検討する余地があると考え、本市職員に、国民主権・基本的人権の尊重・平和主義を基本理念とする憲法を尊重し、かつ、擁護するという自覚をより一層促すために行なったものです」との回答を得た。しかしこの回答でも、国際情勢の変化によって、憲法の平和主義を強調すべきだとしても、国民主権や基本的人権の尊重を職員に自覚させることとどう関係するのか全く意味不明である。

また今後も国際情勢はさまざまに、そして大きく変化すると予測される。「国際情勢の変化」が今回服務宣誓書を変更する理由であれば、広島市は、そのたびに「服務宣誓書」の内容を変更するのだろうか。

ここで考えられるのは、広島市が、「『国際平和文化都市』に憲法の理念が込められている」と説明してきた憲法の理念とは、前文や第9条の平和主義のみであり、憲法の国民主権や基本的人権の尊重は、これらの答弁者に、そして市政において十分意識されておらず、その説明からも抜け落ちたという疑惑である。「国際平和文化都市」には「憲法の理念が込められている」との「信仰」もしくは詐称が、広島市政の国民主権や基本的人権軽視の姿勢につながり、それが「国際平和文化都市」の平和主義をも脅かす事態を招いているのではないだろうか。

そうした疑惑は、松井市長の教育勅語引用問題とつなげて考えるとき、ますます深まる。

今回の変更理由の問題とは少し異なるが、もう一つ指摘しておきたいことがある。それは、先に紹介したように今回の修正された「服務宣誓書」は、市当局のみによって変更手続きが進められ、議会の議決はもちろん、議会に報告すらなされないままに変更されたことである。

他都市では、条例で「別記様式による宣誓書に」と定め、「服務宣誓書」が明示されているため、変更するには議会の承認が必要となるが、広島市の「職員の服務の宣誓に関する条例」の第2条で、「任命権者（人事委員会の委員の場合にあっては、市長とする。以下同じ）が定める様式の宣誓書」となっているため、任命権者である市長が、決裁するだけで「服務宣誓書」の変更が可能になっているのである。

筆者は以前からこのことを指摘してきたが、まさに今回の変更でそのことが証明されることになった。議会としてもこのことを問題にする議員が一人もいないのは残念なことであるし、この点は今後早期に修正されるべきである。

「教育勅語」への執着

筆者は当初から「今回の服務宣誓書の変更は、松井市長の『教育勅語』引用問題にあるのではないか」と疑っていた。このことを広島市人事課に4月17日に指摘したところ「12日の市長の発言からも分かるように、教育勅語の引用によって憲法を守っていないのではという市民の意見が寄せられたことは、宣誓書修正のきっかけや理由ではありません」との回答が返ってきた。そして「緊迫した世界情勢」が理由だという説明を人事課担当者は繰り返した。

ところがこの新たな服務宣誓書が採用された直後、そのことを自らの口で語ったのが、

4月12日の市長記者会見だ。松井市長は「教育勅語」を引用して行なってきた「新規採用職員研修」の資料に、今年は「憲法前文の一部と条文の一部を加えた」ことを公表し、次のように述べている。

今年度の新規採用職員研修では、利用した資料に関しましてはいろいろ疑義あろうということで、お手元に配布させていただいておりますけれども、その資料にありますように、教育に関する勅語、さらに教育勅語を引用している箇所、それはそのまま同じものにしていますが、それプラス、新たに憲法前文の一部、それとともに参考資料という形で大日本帝国憲法と日本国憲法前文、それから条文、こういったものの一部抜粋を追加配布した上で、説明をするということをいたしました。(中略)

その99条を見ていただくと分かりますけれども、上の方にあるでしょう、「天皇または摂政及び国務大臣、国会議員、裁判官その他の公務員は」。全て国民はと言っているのではないでしょう、ここは。つまり、この憲法体系下の中で、この憲法を施行することに関わる人々は、この憲法を尊重し擁護する義務を負うと明確に書いてありますから、その義務を負った職責にある人間ですからね。当然のことが書いてあるのに、それを守ってないみたいに言われるから、そうじゃありませんと。その上でどう考えるかということを申せばということを丁寧に説明させてもらったと思っています。

教育勅語を職員研修で用いることを、現行憲法軽視と批判された市長が、それでも教育勅語を使い続けることを正当化するために、憲法を「研修資料」に追加したということであろう。しかしまず、この答弁では説明にも正当化にもなっていない。憲法尊重義務が第99条に示されているからといって、市長がそして市政が現実に憲法を尊重することを保証するものではない。ましてや国民主権や基本的人権の尊重という憲法の基本理念と齟齬をきたす教育勅語を正当化することなどできるはずもない。

松井市長は、この記者会見で新規採用職員研修では、「憲法遵守の疑義が指摘されたから」憲法を資料として追加したと述べた。そして同時期に同じ新入職員を対象とした重要な文書である服務宣誓書に「憲法の尊重擁護の義務」を追加した。そして服務宣誓書の変更理由は、「国際情勢の変化」だと説明した。市長が理由としたウクライナ戦争は２０２２年に始まっており、なぜ今なのかもわからない。

とすると、今回の服務宣誓書の変更も新規採用職員研修の資料に憲法関係の資料を入れたことと同様に憲法違反の「教育勅語を引用した」問題がその理由だと考えるほうが辻褄あうのではないだろうか。しかし当然のことながら、「服務宣誓書」に急に憲法尊重擁護義務をいれたところで、教育勅語を職員研修で使うことが正当化されるわけではない。

服務宣言の修正は、憲法遵守ではなく、憲法を遵守を装うための方便、さらなる憲法軽視の表れではないだろうか。

憲法遵守と広島市平和推進基本条例

本来、公務員である広島市職員が「服務宣誓書」において、「憲法を尊重し擁護する」ことを誓うのは、憲法第99条にもとづくものである。権力の側にたつ公務員が尊重すべき憲法は、もちろんすべての条文だが、市民生活と直結する仕事を担う地方公務員は、憲法第15条に定められた「全体の奉仕者」としての自覚を持ち、とりわけ憲法第11条から第40条、さらに第97条によって保障されている市民の基本的人権を尊重する責務があることの自覚が求められている。だからこそ、地方自治法はすべての地方公務員が服務につくとき、「憲法を尊重し擁護する」ことを宣誓することを義務づけている、というよりこの宣誓を行なわなければ服務につくことができないことを定めている。

広島市に求められているのは、「憲法を尊重し擁護する」ことの意味を、市長以下全職員がもう一度自覚することではないだろうか。

広島市が、金科玉条のごとくいう「国際平和文化都市」のもとになる「広島平和記念都市建設法」も、あくまでも憲法の下で定められたものであることを明確に自覚すべきではないだろうか。憲法軽視の姿勢は広島市議会が定めた「広島市平和推進基本条例」の第2条に定められた「『平和』とは，世界中の核兵器が廃絶され，かつ，戦争その他の武力紛争がない状態をいう」という、非常に限定された、平和憲法の理念を矮小化した定義にも表れている。

もしそうでないとするなら、教育勅語を職員研修に使い続ける松井市長に対して、憲法に違反する教育勅語は憲法尊重擁護の義務を負う広島市職員の研修に使用すべきでないと市議会は明確に指摘し、改めさせるべきである。そして、自治体職員にとって最も重要な「服務宣誓書」を、市長任せにする今の条例を修正すべきである。

「広島市平和推進基本条例」の将来は、その具体的施策を計画し、実行する市長、広島市職員全員の憲法尊重擁護姿勢にかかっていると言っても過言ではないだろう。

第5章

広島で「平和」の条例をつくるということ

本田 博利

第1　意見書提出と検証会報告

1　意見書を提出（2021年2月1日）

筆者が広島市平和推進基本条例の問題に取り組み始めたのは、2021年2月に広島市議会が「素案」に対する市民意見を募集（パブコメ）し、それに意見書を提出してからである。意見書に対し、筆者は主に以下のような内容を指摘した。

①これでは「『平和行政』推進条例」ではないか。

広島市政トータルを網羅した内容になっていない。まちづくり、環境、福祉、教育などの市民生活との結びつきの観点が見出せず、国際化、世界的な観点も見当たらない。むしろ、核兵器禁止条約の「国内法化」としての市条例が必要なのではないか。

②「条例」の形式は必要か？単なる「政策条例」づくりのためではないか。

議会は、すでに「国際平和文化都市」の都市像を自治体の憲法である「基本構想」で議決している。今回の条例制定は、「議会改革」の一環としての「政策条例」づくりにすぎず、手っ取り早い「平和」をテーマにしているというのは動機が不純ではないだろうか。結果は、広島らしい「アクセサリー条例」にすぎない。その実効性はどうなのだろうか。

③立法事実＝制定の必要性が分からない。手続きも拙速。

なぜ、今、議会提案なのか。市民の条例に対する自発性・ニーズはいかなるものか。「素案」もいかにも「粗案」であり、内容が稚拙だった。ただの作文のようで、市民性・専門性が欠如してはいないか。広島市議会では、元法相の河井克行元衆院議員＝実刑確定＝らによる2019年7月の参院選広島選挙区を巡る大規模買収事件で、逮捕・起訴された市議が13人にも上った。その問題に議会として対処する方が先決ではないか。

④その他

第6条2項、式典の「厳粛」の押しつけは条例になじまない。余計なことを紛れ込ませている。また、広島市立大学の広島平和研究所*の顔がさっぱり見えない。故意に落としたのか。さらに、条例は、憲法が定める「平和的生存権」の具体化の役割を担うべきところ、「憲法」のケの字も見当たらない。なぜか。

首長と議会は市民から選ばれるため、広島市長の役割ないし責務が不可欠だが、そう

＊広島市立大学広島平和研究所
広島市立大学の附置研究機関。世界平和の創造・維持、地域社会の発展に貢献することを目指して1998年に設立された。

いった記述はない。政令指定都市、中四国を代表する大都市に復興・発展したことの記述も見当たらない。

そしていつも「国が、国が」と言うのに、第7条1項の連携先からなぜか国が除外されている。第7条2項の「市民等」については定義がない。NPOや市民団体の存在についての記述も見当たらない。

⑤議会がつまらん。
要は、「議会がつまらん」「議員のレベルが低い」の一語に尽きる。私の広島市役所時代の経験からも、議会の議場での質疑は、質問する議員にあらかじめ「質問取り」をした内容に対して答弁者が紙を読みあげるだけの「八百長民主主義」(片山善博の言う「学芸会」)で、わざわざ会議を開かなくてもペーパーを配布すれば済む(今だと、タブレットで)。これは国会のやり方をまねしただけだが、自治体は国の議院内閣制とは異なり、首長と議員はともに選挙で選ばれる二元主義をとるので、ちゃんと対峙しなければならない。こうした議員の劣化(2世議員がごろごろいるのも国会と同じ)は今に始まったことではないが、市民の不幸である。

投票率の連続低下は、市民の議会不信（選挙の翌日から議会は遠くなる。市民は選挙の日だけ主権者）に他ならず、そのためには「議会改革」が不可欠であるが、本条例の制定がこれに資する、少なくとも突破口になったとはとても考えられない。10年ぶりに傍聴した条例案を審議する2021年6月定例会の傍聴席は数人だった。

前記の通り、筆者は意見書をそれなりに力を込めて書いたが、それがどのように議案に反映されたかの連絡はない（意見書が1千件を超えたことは理由にならない）し、議案を読んでも、もちろん分からない。

結果、議会は6月25日に議員提案の条例案（「基本」条例に改称）を賛成多数で可決し、同月29日に公布（条例第50号）された。

2　検証会での報告（2022年3月31日）とアクション

第7回の検証会において、「政策条例」について、レクチャーを行った。

法律と条例の関係については、憲法第94条・地方自治法第14条1項を根拠として条例制定が可能であり、2000年の地方分権改革により、自治体の事務から「機関委任事務」

（国の手足）が排除されたので、条例制定権の範囲は格段に広がった。これによって政策条例は制定しやすくはなったものの、制定状況は自治体によって格差がある。わけても、広島市は大きく立ち遅れている。

自治体条例の例としては、公害防止条例、放置自転車条例、景観条例など、既存の法律の機能不全に対するものや、情報公開条例、住民投票条例など、法律の不存在に対するもの、さらには、産業廃棄物処理施設条例、開発許可条例など権限不十分に対するもの、がある。最近では空き家対策条例が流行っている（その後法律化）。

広島市の条例としては、政令市では2番目の制定となった情報公開条例や、暴走族条例（最高裁では5人中2人が条例は「違憲」の反対意見）、常設型住民投票条例（実施事例なし）がある。

議員有志による条例づくりとしては、幻に終わった「はと対策」条例がある。広島市の平和記念公園では、はとが異常に繁殖し、近隣の建物に飛来してフンをまき散らすなどして「はとフン公害」が深刻化していた。このため、市議会有志の「広島市政研究会」が、議員立法による条例制定を目指して案を作成。市は、市政研のメンバーと学識経験者、自然保護関係団体、動物の愛護関係団体など20名からなる「はと対策検討委員会」を設置し、検討会の報告を基に対策の5カ年計画を策定した。結局、条例制定を待つまでもなく減数を達成したため、議員提案による「はと公害防止条例」は幻に終わった、というものだ（本田「広島市のはと対策」〈『日本公共政策学会年報２０００』〉）。

その後、6月16日に、田村、金子、渡部会員とともに山田春男議長へのヒアリングを行った。政策立案検討会議の若林新三代表のヒアリングは、残念ながら実現しなかった。

第2　第6条2項「厳粛」条項をめぐって　8・6当日の原爆ドーム及び平和記念公園周辺

1　異質な規定のまぎれ込み・賛否が分かれる

条文は、「2 本市は、平和記念日に、広島市原爆死没者慰霊式及び平和祈念式を、市民等の理解と協力の下に、厳粛の中で行うものとする」と定めるが、本条だけ「項立て」そのものが異質である。基本条例に、具体的な施策である実体規定が混在しているのだ。

「ものとする」は、法令用語としては「…しなければならない」に近いが、それでは〝どぎつ〟すぎる場合に使われることが多い。市長は、逐条解説で示す必要がある。

広島弁護士会長声明（２０２１年2月12日）が、いちはやく「これまでの拡声器の音量を規制する条例を制定しようとした経緯に鑑みれば、」「規制の根拠規定とされる懸念がある」と表明したのはうなずける。

例年8月6日に式典会場の対岸の元安川周辺でデモ行進を行っている「8・6ヒロシマ大行動実行委員会」（以下「8・6大行動」）は、条例は「平和推進」は名ばかりで、拡声器規制・デモ規制のための「厳粛条例」だと強く反発した（市長あて抗議文2021年7月19日付）。一方、市民団体「静かな8月6日を願う広島市民の会」（以下「静かな8・6の会」）は、市長と面会して条例に基づく有効な対応を求めた（中国新聞2022年7月8日付）。

このように、条例制定後初の平和記念式典は、賛否が渦巻く中で開催されることになり、私は原爆ドーム及び平和記念公園周辺でフィールドワークを行った。

2　2021年8月6日（条例第6条の「平和記念日」）菅首相が出席

原爆ドーム前は、例年は市民グループの〝ダイ・イン〟*の場であるが、7時前から同グループを挟んで「8・6大行動」と「静かな8・6の会」がマイク合戦。周囲を警察が取り巻いた。市職員がドーム周辺をロープで囲い、看板「拡声器や鳴り物の音量は抑えてください」（条例を根拠と明示せず）を掲示。原爆ドーム向かいの親水テラスには「平

＊ダイ・イン
英語表記で「die-in」。犠牲者に擬して大地に横たわり抗議の表明をする示威行為で、1960年代に核軍備に反対するアメリカの市民グループが始めたとされる。

和記念式典挙行中は、お静かにお願いします」の大きな横断幕が掲げられた。
「静かな8・6の会」は、組織的に動いているようだった。プレート、ゼッケンをつけた仕事前の若い背広姿が多かった。「8月6日は慰霊の日　静かに祈ろう　Pray quietly for peace」の看板を掲げ、マイクで「幟は降ろしてください。やめてください」を繰り返した。

相生橋に移動すると、原爆投下時刻である8時15分の原爆投下時間に式典では黙とうが行われていた。ドーム前では1分間のダイ・イン。終了後、「8・6大行動」は本川沿いにデモ出発した。式典の黙とう終了後の市長の「平和宣言」時や、児童の「平和への誓い」時には拡声器は使用していなかった。内閣総理大臣・菅義偉の挨拶開始に合わせて拡声器を使用し、デモ行進をしていた。

デモ隊は、反戦、反核抜きの「平和」式典に対して異議申し立てを行っている。デモは憲法上最大限保障されるべき基本的権利（「動く集会」とされる表現の自由）。これは、対立する憲法改正・核容認のデモでも同じであることは言うまでもない。

3　2022年8月6日　岸田首相が出席

前月の安倍晋三元首相殺害事件を受けて、公園の内外を警察官2千人が警備した。1千人を超える市職員とあわせ、市民をシャットアウトし、公園周辺を事実上制圧した。原爆ドーム前は、昨年と様変わり。「8・6大行動」を警察が包囲し「静かな8・6の会」は不在だった。市の看板・横断幕は、原爆ドーム周辺及び対岸の親水テラスとともに、前年と同じだった。

午前8時15分のダイ・イン終了後、「8・6大行動」のデモ隊が出発した。「岸田は帰れ」「アベの国葬反対」のシュプレヒコールが上がった。機動隊が規制して、3列に分断。全国から集まっているようで、若い人が多かった。

「静かな8・6の会」は、原爆ドームから平和大通りまでの川岸と元安橋とに分散。昨年の背広姿に代わり若者、特に女性が目立っていた。デモ隊に対し、昨年と同じ「8月6日は慰霊の日　静かに祈ろう」のプレートを無言で向けるだけだった。

地元・被爆地広島選出の岸田文雄首相は、「核なき世界平和」がライフワークというが、この（2022年の）式典後は、安倍前首相も持ち出さなかった安保3文書の大軍拡、原発推進政策などを次々と打ち上げた。国民の理解のないままに軍事費倍増をするが、どこにカネがあるのか。平岡敬・元広島市長は、「アメリカの走狗（＝ポチ）となった岸田は広島の恥」と切って捨てた。

4　法的側面から

市長サイドが従来検討していた「8・6デモ騒音規制」が、議会の一部議員からの〝後押し〟としての条例制定（第6条2項の付加）の背後にあることは明らかである。

2021年度の条例第8条に基づく年次報告によれば、「デモ行進の実施団体との協議を通じて、令和4（2022）年度の式典の挙行に適した環境の確保に向けた合意とその遵守を確保する方策を検討した」とされる。法規制によらないソフトな解決手法である。

一般的な騒音規制の根拠は、広島県が1993年に制定した「拡声器による暴騒音の規制に関する条例」である。第4条は「何人も、拡声器を使用して、別表上欄に掲げる拡声器の使用方法の区分に応じ、それぞれ同表下欄に定める測定地点において測定した音（以下「暴走音」という）を生じさせてはならない」と定め、第6条は違反行為に対する警察官による停止命令等を定める。本件での規制対象となる音量は、85dBである。

この条例は、そもそも立法事実として、県内外の右翼団体の大音量街宣車多数による市民生活の安寧妨害に発しており、これが音量において比較にならない「8・6大行動」に向けられたことに注意する必要がある。

2021年9月28日付け総務委員会提出資料によれば、デモ行進のルート付近の八つの測定地点で85dBを超えたのは、8時30分から40分までの首相挨拶時だけであった。もちろん、それで挨拶が中断されることはなかった。しかも、式典会場内の二つの測定地点では、マイクの音を測定しただけで、それでも85dB以下であった。

この結果からは、規制により保護されるべき客体は、ルート周辺の多数のマンション等の居住者に限られ、式典参列者ではない。つまり、式典では〝迷惑音〟に過ぎない。周辺の居住者から警察に苦情があったという話も聞かない。

ちなみに式典参加者へのアンケート結果でも、拡声器の音は9割が聞こえたが、大半はその内容は聞き取れず、それが式典への悪影響を及ぼすと回答したのは半分程度だった。「厳粛」を妨げるのは、式典の中での「抗議」の声もある。これについては、札幌市で安倍首相の街頭演説中に、「安倍辞めろ」などと〝やじ〟を飛ばしたといって警察官に排除された市民2人が原告となった損害賠償請求訴訟で、排除は「表現の自由を侵害」するとして違法と認めた2022年3月25日札幌地裁判決がある（2023年6月22日札幌高裁で1人勝訴1人敗訴の判決、その後確定)。

第3　平和記念式典のあり方

1　平和記念式典は誰のもの　国と決別できないのか

筆者が1972年に広島市役所の職員となって最初に配属されたのは、式典を担当する総務局総務課(のち現在の市民局に移管)であり、4年間、8月6日前夜の泊まり込みから従事した。当時は首相の出席もなく、夏季休暇前の恒例の年中行事といった感じで、終了後の旧庁舎地下での〝打ち上げ〟(酒盛り)が楽しみであった。周りには被爆者の職員も多く、市役所は閉庁日とされて職員は静かに慰霊の日を過ごすこととされていた。

式典の担当者にとって、式典は「国際平和文化都市広島」を担う職員としての現場学習(研修)を兼ねていた。早朝から慰霊碑にお参りする被爆者や家族の姿を見て、また、広島市長が「平和宣言」を読みあげる姿を間近に見て、広島市役所に勤務することの使命感を身に染みて持ったように思う。

広島で被爆した元朝日新聞論説委員の故・中条一雄は『原爆と差別』(朝日新聞社、1986)において、被爆40年を迎えた1985年の式典を「拒否」する被爆者が意外に多いとして、次の〝言い分〟を記している。

第二は、平和式典の形式化、セレモニー化、見せ世物化への反発だ。「昔の式典はああではなかった。」という声をよく聞く。1960年あたりまでは肉親を失った人たちが三々五々集まってきて、公園のあちこちで祈る姿が一日中続いた。だが、その後、公園や資料館がきれいに整備されるとともに、式典の方も官僚主導型となり、いまは秒刻みで形式化した。首相や外国の有名人を招くようになったものの、外部へ見せるための宣伝臭が強くなった。あんなおしきせの、見せかけだけの形式化した式典に出席してなんになる。あれでヒロシマが世界に本当に訴えたいことが伝わるのか。死者も浮かばれない、といったものだ。

この1985年の式典には、核武装論者で、「日本不沈空母」発言を行ったタカ派の代表格の中曽根康弘首相が二度目の出席をした（最初は83年。87年とで3回）。以後、歴代の首相がお決まりのごとく式典に出席するようになる。佐藤栄作が首相として最初に参列した1971年の式典は、2700人の警察官が動員されて荒れに荒れたが、83年の中曽根首相のときも同様に2500人に及び、以後、肝心の市民をシャットアウトし、警察官の壁に〝守られて〟の式典が常態化する。

検証会に講師として出席いただいた宇吹暁・元広島女学院大教授の『平和記念式典の歩み』（平和文化センター、1992）によれば、「広島市が、総理大臣本人の出席を強く働きかけるようになるのは、1965年以降のこと」とされる。71年に山田市長に出席を要請された佐藤首相は、「天皇・皇后両陛下も慰霊碑を参拝されたことでもあり、どうしても行きたい」と語ったとのことである。褒められた動機ではない。

筆者は、中曽根以降の首相の出席が定着したころ、事情を知る同僚から「本当は警備も大変だし来てほしくはないが、国は手ぶらでは来られないから。今年は何を持ってくるか」と聞いたことがある。被爆者援護策が不十分であるため、追加援護策＝手土産なしでは総理は広島に来られなかった、ということである。

しかし、1995年の被爆50周年の村山富市内閣において、被爆者が長年求め続けてきた「被爆者援護法*（原子爆弾被爆者に対する援護に関する法律）」の制定と弔意施設としての国立広島原爆死没者追悼平和祈念館の建設で、手土産の〝ネタ〟はほぼ尽き、あとは被爆者が死に絶えるのを待っているだけのようである。

＊被爆者援護法
原爆被爆者に対する援護施策の根拠法。国の費用で被爆者への医療を行うことを規定した原子爆弾被爆者の医療等に関する法律（原爆医療法、1957年制定）と、被爆者への諸手当支給を規定した原子爆弾被爆者に対する特別措置に関する法律（原爆特措法、1968年制定を一本化し、被爆50年にあたる1995年に施行した。

広島市が近年実施してきた式典参列者へのアンケート調査には、最後に「問9 昭和46年から（平成6年からは毎年）本市の式典に参列されている内閣総理大臣を、今後も招へいすることについてどう思いますか」なる設問を設けており、ご丁寧にも「※内閣総理大臣の参列は、式典終了後の「被爆者代表から要望を聞く会」への出席等と併せて、被爆の実相やヒロシマの心に触れていただく貴重な機会となっています」と付け加えている。これは明白に誘導尋問であり、賛成が9割に上っても、軍拡論者や核保有論者を広島に迎える根拠たり得ない。「要望を聞く会」は、実態は「要望を『聞き置く』会」であり、近年は「黒い雨」の区域拡大など〝手土産〟のかけらもないことは周知のとおりである。

式典は実質、市長の「平和宣言」と児童の「平和への誓い」で終了する。あとは、首相や県知事の「参列者」の挨拶であり、式典構成上の不可欠の要素ではない。2023年の式典は、「ヒロシマの恥」と化した軍拡一辺倒の戦争国家に突き進む岸田政権に「ノー」を突き付ける好機であり、国と決別する式典への転機であったはずだった。

2　式典開催経費に国の補助金が占める割合は1割弱

検証会メンバーから「式典に国の巨額の補助金が出ている。首相の参列と無関係ではないのではないか」との問いが投げかけられたので、2021年度の式典の収支の情報公開請求を行った。前述の宇吹暁氏の著書『ヒロシマ戦後史』（岩波書店、2014、P．289）によれば、1979年から広島・長崎両市の平和式典への国の補助が始まった。補助金の交付は、1994年制定、1995年7月1日施行の被爆者援護法第43条3項に基づく。運用は、「原爆被爆者介護手当等国庫負担（補助）金交付要綱」による。

2022年度の厚生労働省原爆被爆者対策予算計1226億円の内訳は、次のとおりである。

（単位：億円）

原爆被爆者医療費288	原爆被爆者健康診断費交付金25	原爆被爆者手当交付金755
原爆被爆者葬祭料交付金24	原爆被爆者介護手当等負担金14	原爆被爆者保健福祉施設運営費等補助金62（うち「原爆死没者慰霊式等開催費」0.3※）
放射線影響研究所補助金18	原爆症調査研究等委託金22	老人保健事業推進費等補助金（原爆分）5
原爆死没者追悼平和祈念館運営費6	広島原爆体験者に対する不安軽減事業委託費0.5	その他6

※「原爆死没者慰霊式等開催費」3269万円は、「式典開催費」「式典出席旅費（遺族が出席するために必要な旅費）」「国外への被爆の実相伝承費」3つからなる。

広島市は、「式典開催費」につき、総事業1億1448万円に対し、902万円の補助申請を行った。事業費の内訳は、次のとおりである。

報償費(吹奏楽団謝礼金、合唱団謝礼金等)105	旅費(事務打ち合せ等)306	需要費(平和宣言印刷代、消耗機材等)661
役務費(案内状送付代等)122	委託料(会場設営業務、放送設備設営業務等)9、801	使用料及び賃借料451

(単位:万円)

また、「式典出席旅費」につき、総事業費99万円に対し、同額の補助申請を行った(「実相伝承費」はなし)。申請に対し、申請どおり1001万円(式典開催費902万円、式典出席旅費99万円)の交付決定がされた。

式典開催経費に占める補助金の割合はわずか約8%にとどまることがわかった。他の対策事業の補助率は2分の1以上の定額が多いが、式典開催費は奨励的・助成的な補助金であり、近年日よけのテントが大型化するなど会場設営費(委託料)が多額に上っていることから1割弱の補助額となったものと思われる。

一般的に、国が自治体に出す補助金については、「カネは出すがクチは出さない」ではなく「カネもクチも出す」、あるいは政治家の集票マシーンとなったり、気に食わない自治体を締め付けたりする手段とするなど批判が多い。

結論としては、本件では、補助金の事業費に占める割合は低く、国の「まる抱え」とは言えない。首相が出席することによる「政府の宣伝の場」として利用（悪用）されているとまでは評価できないであろう。

第4　できの悪い条例をどう改め、育てるか

この条例は、プロセスにおいて、政策立案検討会議以外はすべて議会での水面下で行われた。議会での全員の論議は最終日の採決のみ。まるで他人ごとではないか。議会の総意とはいえない。前述した、幻の「はと対策条例」に立ち戻り、市民、専門家を巻き込んだ議論を尽くすことが必要なのではないだろうか。

条例第8条は、市長に毎年「平和の推進に関する施策の実施状況」の議会への報告と市民への公表を義務付けている。条例制定の前後で「平和行政」がどう変わったのか、検証する必要がある。また、「基本」条例の制定だけでは不十分であるため、枝＝個別条例が必要

である。これに関しては、デモ規制条例を議会レベルで討議すべきではないだろうか。立法事実として〝狙い撃ち〟条例となるので、違憲論争はまぬがれない。こうした動きがあれば、市長も重い腰を上げるだろうが、限りなく違憲に近いとされた暴走族条例以上に難しい立法技術を要する。

また、核兵器禁止条約の「国内法（条例を含む）」化としての被爆地ならではの条例が必要である。このほか、被爆体験承継条例、被爆建物・被爆樹木保存条例などいくらでもある。

引き続き「政策」条例づくりを目指すのならば、市民から「こんな条例がほしい」という提案を募集すべきではないだろうか。その際、議会外の市民、ＮＰＯ等との連携が不可欠である。例えば、現在広島市内では、「差別のない人権尊重のまちづくり条例」を目指している市民グループもある。

「政策」条例の第2弾として、食品ロス削減推進条例が市民の関心をひかないまま成立した。これは同名の食品ロス削減推進法の〝落穂ひろい〟条例で、本来市長提案もの（中国新聞２０２２年7月23日付「食品ロス削減条例検討」・9月30日付「広島市議会が素案　市民意見募る」）である。議会が動けば、運用上実効性の保証がないので、市長が機転を制して自ら執行しやすいように作るようになる。

「平和」行政のあり方

広島市の平和推進基本条例をめぐる筆者の考察は以上である。以下のとおり、広島における「『平和』行政」の現状及び将来のあり方について、検証会で引き続き幅広く議論し、広島市政に「物申す」べき論点も多々あると思われる。

・広島平和記念都市建設法をたたき起こす（理念なき「平和」条例を「無化」する）。
・平和記念公園は「観光地」か（あふれるアメリカ人は、ヒロシマで何を見たか（アラン・レネ『ヒロシマ・モナムール〈邦題：二十四時間の情事〉』）。
・資料館の「再」見直し（後退した展示内容。記憶されるべきは何か）。
・G7の主会場とならなかった、平和記念公園内の広島国際会議場をどうするのか。
・被爆体験継承を考える（映像の力・米返還原爆映画は今？）。
・顔が見えない「広島市立大学広島平和研究所」についての議論（設立して25年経つが、内外への発信力不足）。
・外務省OBの理事長への天下りが続いている広島平和文化センターの変質を問う。
・ヒロシマ報道を考える（ヒロシマ記者が絶滅。多忙、記者クラブに安住）。
・長崎に見習う（大学研究機関、市民の発信、資料館展示）。

・広島市立中央図書館移転、はだしのゲン削除など、市民排除の行政決定を許さない。
・G7広島サミットによって試された広島（戒厳令下の核大国会議、「貸し舞台」、市民交流なし）。

条例の制定過程において、検証会のメンバーが、85ページにあるようにタイムリーに発言を行ったことは、1千通を超える意見書の提出と併せて、議会の水面下での暴走を許さず、また、条例を執行することになる市長にその解釈・運用上の問題点を提起したことで大きな役割を果たしたといえる。

第6章

「黒い雨」はどのように扱われたか

向井均

本稿は、広島原爆投下後に広範囲に降った「黒い雨」が、広島市平和推進基本条例の中でどのように位置づけられたのか、そのあとを振り返る。

この条例が、「黒い雨」について述べているのは、前文の「放射性物質を含んだ黒い雨による被害の議論は、いまだに続いている」という部分だけである。前文の当初案は、「生き残った人々は、被爆者ということで当時、結婚・就職等において差別や、被爆事実を他人に口外できないという苦しみを受け、またその後も様々な形の後障害に苦しめられ、今なお続いている」であり、「黒い雨」という語句はなかった（２０２０年7月20日の段階）。だが、２０２０年10月20日の第11回政策立案検討会議で提案されてから「黒い雨」という言葉が前文に使われるようになった。「黒い雨」被爆者らは、２０１５年に広島市や広島県を相手どり、被爆者認定を求める訴訟を起こしており、２０２０年には第一審判決において原告全面勝訴を勝ち取っていた。75年間放置され、やっと被爆者と認定された「黒い雨」被爆者についての言及がこの短い一文となったのはどのような経緯からか。会議の議事録などをもとに跡付ける。

「黒い雨」が条例前文案に登場するまで

この条例について議論するための政策立案検討会議では、多数決でなく全員が一致できる意見を集約することになった。全員が合意できる最大公約数的意見を結論にするということは、その構成メンバーに共通の当り障りのないものに落ち着いてしまう可能性がある。

2020年2月14日の第6回会議で条例案の骨格について意見交換し、2カ月後の第7回会議（4月21日）で条例に前文をつけることが決まった。そして5月21日の第8回会議に提出された前文のたたき台は、前文に含むことがらを箇条書きのように一文ごとに改行したもので、文章化する前の段階である。「黒い雨」はもとより、熱線・爆風・放射線による被害にも触れていない。原爆がもたらす被害に関しては、「75年は草木も生えないだろうと言われた。（中略）多くの市民が原爆死し、生き残った人々も原爆の後遺症に悩まされた」とされているのみであった。

このたたき台に加えるべきことがあるかの議論の結果、被爆者に対する差別と、原爆による死傷者数を加えることが委員らから提案され、了承された。そして、それを基にして文章化された前文第1次案が第9回会議（7月20日）で議論された。ここにもまだ「黒い雨」は出ていない。「黒い雨」裁判は2015年11月に始まっていたから、委員すべてがすでに知っていて当然のことであったが、前文にそれをとりあげるべきだという委員はいなかった。

この第9回会議の9日後、7月29日に「黒い雨」裁判の第一審広島地裁判決が出され全国紙の1面トップ記事として大きく報道された。それでもその4週間後の第10回会議（20年8月26日）で審議された前文第2次案に「黒い雨」はなかった。

しかし、この第10回会議での議論が「黒い雨」の登場のきっかけとなった。まず、前文を修正した総務グループの碓氷芳雄座長（公明党）が修正後の第2次案を説明したあと、文章中に被爆者への差別をどう書くべきかを話をしている時に、碓井法明議員（広島創生クラブ）が「黒い雨の記述はここにあるか」と発言し、話題が「黒い雨」に移った。最初に山路英男議員（自民党・市民クラブ）と三宅正明議員（自民党・保守クラブ）が「黒い雨」を前文に加えることに同意した。

以下、この第10回会議録から「黒い雨」をどのように前文に書くかについての委員らの意見を抜き出す。「黒い雨」の書き方の案は4通りの立場にまとめることができる。前文に「黒い雨」を書きこむことを発案したのも、最初に賛同したのも主として保守系の議員であったことがやや意外である。

1. 前文と条文に書く。（中森辰一議員〈日本共産党〉と碓井議員）中森議員は「黒い雨の被害は被爆の実相の一つであるので、これを明らかにすることは広島市の責務だ」と述べた。
2. 前文の中に降雨域拡大問題と黒い雨被爆者の援護について書く。（三宅議員）
3. 前文の中に黒い雨による後障害のことは書くべきだが、降雨域については書かないほうが良い。（山路議員）
4. 前文に書くことには慎重。若林新三代表（市民連合）が、黒い雨地域はすでに援護対象区域になっているからそれを前文に入れて違和感はないかと述べた。

「黒い雨」を前文に書くべきではないという委員はいなかった。発言者の中では若林代表の意見がそれに最も近いものだった。

若林代表が、「黒い雨」について前文の中に書いても違和感がないかを整理してまた議論することにしたいと述べてこの議論は終った。次に会議の議論は各条文案の検討に移っていったが、碓井議員が突然「こだわるが黒い雨は条文のどこに入るのか、大きい問題だから目的の中に入れてもいい。核廃絶と世界恒久平和の実現に寄与することが目的だからこれを入れてもいいのではないか」と発言した。司会の若林代表が、黒い雨についてはこれを前文に入れるかどうかを検討することに決まっているとして取り上げなかった。

政策立案検討会議での「黒い雨」問題の討議

「黒い雨」を含む前文の改訂版（第3次案）が次の第11回会議（２０２０年10月20日）に提出された。前回までの第2次案は「さらに、被爆者に対する結婚・就職等での差別があり、被爆事実を明らかにできないことによる被害も続いている」だったが、新たに提出された第3次案では「さらに、被爆者に対する結婚・就職等での差別により、後に、原子爆弾被爆者に対する援護に関する法律の適用を受けることが困難になるなどの被害もある。また、放射性物質を含んだ黒い雨による被害の議論は、いまだに続いている」と変わり、「黒い雨」

が初めて記載された。

こうして、「黒い雨」は条例の前文案に書きこまれた。だが不思議なことに、この会議では「黒い雨」への言及はまったくなかった。会議時間はわずか39分しかなかった。前文の内容が前回からどう変わったかを説明した若林代表は、「黒い雨」についての記述の前の「様々な形の後障害に苦しめられ、今なお続いている。」という表現が「様々な形の後障害に苦しめられている」と修正されたと言ったあと、これよりも重要な修正であるはずの「黒い雨」の記述を無視するかのようにその次の変更箇所に進み、「平和記念資料館」を「広島平和記念資料館」に変えると述べるのである。

若林代表は前回の会議でも「黒い雨」を書くことにあまり乗り気ではなかったから、この部分を無視したのだろうか。だが会議参加者の誰からも何ら発言はなかった。委員各自が、太文字で書かれ下線が引かれた修正案を手にしているのに、なぜ、新しい記載事項である「黒い雨」の説明が抜けていると若林代表に指摘さえしなかったのだろう。「黒い雨」記入に賛成した委員らの最大公約数的意見は、今回記載された程度のことであったのであろう。

その後、「黒い雨」が政策立案検討会議の場で論議の対象となるのは2回ある。まず、2020年12月21日の第14回政策立案検討会議である。ここでは、10月20日の第3次案を広島市議会の各会派が検討した結果が示された。会議の委員らが、各自の所属する会派から出た意見を説明し、それについて他の委員らがそれらを条例の中に採り入れるかどうかを討議するという形で会議は進んだ。前文の内容に対する各会派からの意見は全部で8件あった。

「黒い雨」については日本共産党から追加記入の提案があった。第3次案では「また、放射性物質を含んだ黒い雨による被害の議論は、いまだに続いている」だったが、共産党の提案はこれに次の文を続けるというものだった。「こうした被爆者がおかれた実態に対して、被爆者の強い要請にこたえて、本市は国と共に、被爆者援護の施策に取り組み、それを充実させてきたが、今後も黒い雨被害者をはじめ、高齢化が進む被爆者の実態に即した施策が必要である」。この修正提案は、被爆者援護の観点と被爆者の果たしてきた役割を前文中に入れるという趣旨であると中森議員が説明した。これに対して、三宅議員が文章の流れの点からそれらを入れることに否定的な意見を述べ、若林代表は、この条例全体に被爆者援護と被爆者の働きが貫かれており、それが抜けていると思っていないと述べた。発言者は提案者を除くと3人しかいない。提案者自身がそれほど強く主張しなかったこともあり、原案通りとなった。

次に「黒い雨」が討議の対象となったのは第18回会議（2021年4月15日）で、これは条例案の中の前文案に対する市民らからの意見を審議する会議であった。

政策立案検討会議はその年の始めから市民や団体の条例に関する意見について議論していた前文の素案に対する29種類の意見の中には、「黒い雨」に関するもののほかにもいろいろあった。例えば、元号ではなく西暦を採用あるいは併記すべきだ、グローバルヒバクシャも記述すべきだ、軍都としての歴史、戦争責任も書くべきだ、外国人被爆者にも触れるべきだ、などがあった。それぞれの意見について会議は議論したが、すべてについて素案のままとするという結論を出した。市民の意見を取り入れた唯一の例外は、「被爆75年を迎え」を「被爆から75年が過ぎ」に変更した点だった。

「黒い雨」についての市民からの意見は以下の8件であった。意見の後のカッコ内は、その意見を表明した人の年代と在住地である。

①黒い雨の議論が続いているとあるが、ただの議論ではない。（70代、広島市以外）

②黒い雨について広島市が調査していることも書くべきだ。（70代、広島市南区）

③「黒い雨」被爆については、２０２０年７月29日広島地裁判決を踏まえた表現に改めるべきである。（70代、広島市東区）

④黒い雨被害については広島市の調査があり、判決を踏まえもっと明確な表現にすべきだ。（80代以上、広島市西区）

⑤「黒い雨」による被害の議論はいまだに続いている、とあたかも他人事のように書いている。７月29日、広島地裁判決は原告84人全員への被爆者健康手帳の交付を認めたが、広島市は国の要請に応じて控訴した。広島市が「議論」を長引かせているのに「素案」はこれを客観的表現で覆い隠している。この一文に象徴されるように、この条例は被爆者を始め多くの人々の思いを踏みにじるものだ。このような条例を絶対に許すことはできない。（50代、広島市以外）

⑥２０２０年７月の広島地裁判決があった「黒い雨」被害について広島市は県と共に国に対して被害者への救済を求めているにもかかわらず、条例素案では「議論はいまだに続いている」としていることは事実をゆがめている。（70代、

広島市以外）

⑦　黒い雨の問題に触れていること自体は重要だが、ただ「議論が続いている」だけではなく、黒い雨の被害の実態解明はされていない中、被災者の被爆者認定が進まず、救済が取り残されているのであり、昨年の広島地裁での原告側の全面勝利は、そのような状況の中での司法判断であった。積極的な実態解明と救済に踏み込んだ文面にするべきだ。（50代、広島市以外）

⑧　「黒い雨による被害の議論は、いまだに続いている」の終りを「いまだに続き、被爆者を苦しめている」とする。（60代、広島市以外）

市民意見の数自体は多くはないが、前文案の中に「黒い雨」の議論が続いているとしか述べていないことに対する批判的なコメントばかりだった。これらの意見を、市議会事務局は次のような5種に分類し、第18回会議での検討を依頼した。⑤が主張する強い批判は検討項目の対象とされなかった。その意見は他と違って何も提案していなかったからだろうか。

・広島市が調査に努力していることについて記述すべきではないか。

・令和2（2020）年7月29日の広島地裁判決を踏まえた明確な表現に改めるべきではないか。

・「議論」が続いているのではなく、被害の実態が解明されず、被害者の救済が取り残されているという状況があることから、積極的な実態解明と被害者の救済について踏み込んだ内容にするなど、表現を改めるべきではないか。

・「黒い雨による被害の議論は、いまだに」の次に「続き、被爆者を苦しめている」という表現に改めるべきではないか。

・広島市が広島県と共に国に対して被害者への救済を求めている事実がありながら、「議論は、いまだに続いている」と表現するのは事実をゆがめたものであるため、この表現を改めるべきはないか。

これを議論した第18回会議での模様を会議録から抜き出す。「黒い雨」の記述について発言した6人の委員の意見を発言順に要約して示す。

中森議員：裁判での敗訴は広島市としては望むところだったのに、国の要請に従って控訴し被害者と対立するという矛盾する立場になっている。そういう事情を書き込むのは困難だから、素案にあるような記述になっている。この裁判の本質は住民と国との争いだから、裁判に触れずに次のように変えたらどうか。「被爆の実相ということでは、これまで明らかにされてきたこと以外にも、被爆から75年たってなお、黒い雨の降雨地域とそれによる健康被害を認定する対象地域を拡大するよう求める住民及び広島市・県による国への要請が続いている」。

山路議員：この条例の目的は黒い雨の被害者救済が目的ではなく、核兵器廃絶と世界恒久平和の実現に寄与することだから、書き加えるのは難しい。

三宅議員：黒い雨のことは最初はなかったが、昨年7月29日の広島地裁判決の後でやはり加えるべきだとわれわれも考えて書いたものだ。結論がいまだ確定していない中で様々な議論があるので、今のままの記述でいいと思う。

桑田議員：修正した方が良いが中森議員案のように長くせず「黒い雨による被害の実態と救済の議論はいまだに続いている」と言葉を加えてはどうか。

碓氷副代表：市民の意見（筆者注、上記意見の⑦と考えられる）の中に「実態解明と被害者救済について」とあるので、それを入れて「実態解明と被害者の救済についての議論はいまだに続いている」と、具体性をもった言い方が良い。

若林代表：中森議員の案は詳しすぎる。議論の中身は実態解明と救済だろう。被害の救済には降雨地域の拡大要求も入る。

三宅議員：被爆者に関することは山ほどの事象があるが、すべての記載はできない。結論が出ていないものは「議論が続いている」でよいのではないか。

若林代表：「議論が続いている」でどうか。実態解明と救済ということは「議論」が含んでいると理解してもらえるか。

最後の若林代表の発言に対して、誰かが「はい」と答えて、前文の中の「黒い雨」は素案のままということとなった。「議論」には事態解明と被爆者救済の両方が含まれるから修正の必要はないというのは、若林議員、三宅議員、山路議員の考えではあったが、残りの委員らの考えではなかった。安易に彼らに同意した委員らと、何も言わなかった委員とがそれを認めたことになった。この会議では、全員一致で決めるということになっていたので、全員が一致できる「議論が続いている」ということで議論は終ってしまった。パブリックコメントの言葉を借りると、「あたかも他人事のように」あっさりと片付けられた。なお、事務局が発表したパブリックコメントに対する回答は、次のように理由を述べている。

本市は、令和2年7月の「黒い雨」被爆者健康手帳交付請求等事件に係る広島地方裁判所の判決に対し、広島県と共に控訴する一方で、国に対し黒い雨の降雨地域の拡大を要望しています。これを踏まえて、議論の中では、「『被爆の実相ということでは、これまで明らかにされてきたこと以外にも、被爆から75年たってなお、黒い雨の降雨地域とそれによる健康被害を認定する対象地域を拡大するよう求める住民及び広島市・広島県による国への要請が続いている』と具体的に記述したらどうか」という意見もありましたが、本条例素案の「黒い雨による被害の議論」という表現については、黒い雨の実態解明と被害者の救済など様々な議論がそこに含まれており、それらをまとめた形で表現したものであることから、素案のままとしました。

成立した条例の前文に「黒い雨」が曲がりなりにも言及されたのは、たまたま広島地裁判決が出たからそれに触れざるを得なかったのである。前文の中に採り入れられたこと自体は、何もないよりはましかもしれない。だが「黒い雨」被爆者が何十年も放置されてきたことの責任は、国だけでなく、広島市当局にも、それを咎めなかった市議会にもある。前文にただひとこと、「放射性物質を含んだ黒い雨による被害の議論は、いまだに続いている」と書いただけで良いとは到底言えない。広島市長は8月6日の平和記念式典で2003年から毎年「黒い雨降雨地域の拡大」や「黒い雨体験者の救済」を日本政府に対して要望してきた。「黒い雨」裁判の被告となってからもそうだった。2021年にも「黒い雨被害者を早急に救済する」ことを求めた。平和推進基本条例の前文には、せめて「『黒い雨』

被爆者が今まで放置されてきた責任は、国だけでなく、広島市も負うべきものである」くらいのことは書くべきだったと筆者は思う。

本稿が考察対象とした、前文中の「黒い雨」記述自体は、この条例がはらむ大きな問題から見ればたいしたことではない。しかしこの条例が改正されるときには、広島市の責任に言及することを考慮すべきだ。

なお、「黒い雨」訴訟は、地裁判決を支持した21年7月の広島高裁判決で確定した。政府は、判決内容は本来ならば受け入れ難いが、相当の高齢であり病気も持っているだろうから、裁判に参加しなかったが原告と同様の事情にあった人を被爆者として認定するとの閣議決定をもって上告しないと発表した。22年4月適用として新たに審査基準が発表された。その基準は、「黒い雨」がそれまでより広範囲に降ったことを容認するが、政府指定の11種類の疾病にかかっている者という条件がそれまで通りに維持された。このために、その中のどの病気にもかかっていない人は雨を浴びたとしても被爆者とは認められない。この11の病気は、直接被爆者や入市被爆者に健康管理手当を支給する際の疾病である。つまり、被爆者の中にもこのどの病気にもかかっていない人がいる。「黒い雨」被害者だけにこの要件を当てはめることについては、１９７６年の制度発足以来、問題とされてきたものだ。22年4月から認定を申請した人は24年9月末現在で７０９０人、認められた人６４０７人、却下された人３４９人（４.９％）、このうち１０４人は疾病要件による。却下された人のうち64人が新しく裁判を起こした。

「黒い雨」問題はまだ終わっていない。

第7章

戦争の実相

橋本 和正

平和推進基本条例に対する疑問点

平和推進基本条例（以下「平和推進条例」という）は、第2条で「この条例において『平和』とは、世界中の核兵器が廃絶され、かつ、戦争その他の武力紛争がない状態をいう」と定義している。

広島市男女共同参画推進条例では「原子爆弾によって壊滅的な被害を受けた広島は、日本国憲法の下、民主主義の成長とともに、奇跡的な復興を遂げる一方で、自らの悲惨な体験から、世界の平和を希求してきた。平和とは紛争や戦争のない状態だけをいうのではない。すべての人が差別や抑圧から解放されて初めて平和といえる。男女においては、性別による差別がなく、対等のパートナーとして責任を分かち合い、個性や能力を十分に発揮できる社会を実現することが必要である。それは、本市が目指す国際平和文化都市に欠かせない要件の一つであり、これまで、各種の取組が行われてきた」と「平和」を定義している。

日本国憲法前文は「われらは、全世界の国民が、ひとしく恐怖と欠乏から免かれ、平和のうちに生存する権利を有することを確認する」と謳う。「男女共同参画推進条例」は憲法理念に沿う「平和」を実現しようしているが、「平和推進条例」ではさらりと定義し直されてしまった。

広島平和記念都市建設法が掲げる第1条「目的」の規定「この法律は、恒久の平和を誠実に実現しようとする理想の象徴として、広島市を平和記念都市として建設することを目的とする」に照らしても「平和推進条例」においては後退したとの印象が強い。

そして「本市の責務」「市議会の役割」「市民の役割」について平和推進条例は、以下のように規定する。

（本市の責務）
第3条　本市は、平和の推進に関する施策を策定し、及び実施する責務を有する。
（市議会の役割）
第4条　市議会は、本市の平和の推進に関する施策に関し、その機能を最大限に発揮するとともに、長崎市議会等と連携し、平和の推進に関する活動を行うものとする。
（市民の役割）
第5条　市民は、平和の推進に関する活動を行うよう努めるものとする。

平和推進基本条例における広島市と市議会の責務

「平和」を平和推進基本条例の定義のように「世界中の核兵器が廃絶され、かつ、戦争その他の武力紛争がない状態」とさらりと定義し直したとしても、条例に基づいて果たすべき広島市と広島市議会の責務は大きい。

広島市は被爆都市の責任として「原爆の実相」を世界に伝えていかなければならない。核兵器は非人道的兵器であり、無差別皆殺しの兵器である。さらに核爆発による放射能は長期間に及ぶ健康被害をもたらす「核」兵器である。「原爆の実相」を世界に訴え、知らせる被爆者や市民運動が、核兵器禁止条約を制定させる原動力になった。一方で、「原爆の実相」を為政者によっては対峙国に恐怖を与える手段と考え、「核の傘」や「核抑止論」となって、核兵器による威嚇を続けようとしている。

「原爆の実相」を伝えることが核兵器廃絶の出発点である。アメリカの原爆を開発したマンハッタン計画の責任者が原爆放射能を「知らせないことによって、なかったことにできる」と語ったという。戦後占領期にプレスコードによって長期間続く原爆（放射能）被害の報道を許さなかった歴史を繰り返してはならない。

広島市教育委員会が広島市内の小学生や中学生に平和教材として配布してきた「ひろしま

平和ノート」から「はだしのゲン」や第五福竜丸の題材を削除した責任は重い。削除に至った理由として、ゲンの行動が現在の生活実態に合わないとか不誠実な行動を容認することにつながるとの理由を挙げるが、当時の生活実態を教師がていねいに説明するとか、「不誠実な行動」を問題にするのなら教室において子どもたちに議論させることもできるのではないか。「知らせないことによって、なかったこと」しようとする広島市であってはならない。

原爆遺跡は原爆の実相を追体験するために保存、活用されなくてはならない。いま、大陸への出撃・兵站基地であった「軍都・廣島」の歴史を伝える旧広島陸軍被服支廠の保存の具体化が進んでいる。兵器補給廠、糧秣支廠*の建物も保存され活用されていることと合わせて、歴史を伝える博物館・資料館として活用すべきである。サッカースタジアム建設を急ぐあまり、建設予定地に出土した旧陸軍輜重隊の被爆遺跡を簡単な調査だけで壊してしまった広島市の責任は重い。

市議会の役割も重要である。広島市議会の多数派を占める議員は政府与党を支援する議員たちである。政府与党の政策は日米安保条約を基軸とする日米同盟強化、自衛隊強化拡張、そして、アメリカの「核の傘」「核抑止論」の立場である。

＊兵器補給廠、糧秣支廠

兵器庫として建設された兵器補給廠（現在の広島大学医学部医学資料館）、缶詰工場として建設された広島陸軍糧秣支廠（現在の広島市郷土資料館）は、被服支廠とともに陸軍三廠と言われ、いずれも広島市が被爆建物に指定している。

＊サッカースタジアム

広島市中区基町の広島城西側の中央公園でサッカースタジアム（「エディオンピースウイング広島」）建設工事に先立つ文化財調査で2021年、建設予定地から旧日本陸軍の輸送部隊「中国軍管区輜重兵補充隊」の施設の遺構が見つかったが、土を埋め戻し、スタジアムは予定通り建設された。

「われらは、全世界の国民が、ひとしく恐怖と欠乏から免かれ、平和のうちに生存する権利を有することを確認する」という憲法の理念は広島市民の大多数の要求である。平和推進基本条例を制定した市議会としてその役割を果たさなければならない。

広島原爆「黒い雨」訴訟において、広島高裁は原爆「黒い雨」被害者を被爆者援護法に基づく「被爆者」と認定した。「黒い雨」被害者の実態把握を進め、長崎原爆「黒い雨」被害者、「被爆体験者*」の救済・支援に「長崎市議会等」と連携した広島市議会の取り組みが求められる。ビキニ核実験被害者、福島原発事故被害者とも広範に連携して「原爆の実相」を伝えていくことが市議会の役割と考える。

戦争の実相

「原爆の実相」だけでなく、「戦争の実相」についても、広島市民が忘れてはならない、そして世界に伝えていかなければならない歴史があるということを、ここに記しておきたい。

広島城の堀の東側、中国放送（ＲＣＣ）本社の南側の木立の中に、石碑と石の門柱が立っている。広島の郷土部隊、旧陸軍歩兵第11連隊のモニュメントだ。石碑にはこの部隊が満州事変以来の対中国戦争で中国大陸にたびたび派遣され、太平洋戦争が始まった１９４１年

＊被爆体験者
長崎の爆心地から半径12キロ圏内で原爆に遭ったにもかかわらず、国が定めた被爆援護の対象区域内にはいなかったため、被爆者と認められていない人。被爆者認定を求めた集団訴訟が続いている。

12月8日にマレー半島上陸作戦に参加したことなどが記されている。

だが、シンガポール占領後にマレー半島のネグリセンビラン州に治安粛清部隊として配備され、1942年3月から中国系住民（華僑）の粛清行動を繰り返していたという事実は、石碑には記されていない。ゆえに、地元広島ではほとんど知られていない。

広島は大陸進出の拠点としての歴史を担ってきた。山陽鉄道（現・山陽本線）と宇品港が整備されたことで、1894～1895（明治27～28）年の日清戦争を契機に、広島は大陸進出の出撃基地・兵站基地となって軍都として終戦まで機能した。日本が大陸への軍事侵略を始めるとき、広島にその拠点をおいていた第5師団、とりわけ広島の郷土部隊・陸軍歩兵第11連隊は真っ先に軍事侵攻の殴り込み部隊の役目を果たしてきた。

1941年12月8日、海軍・連合艦隊のハワイ・真珠湾攻撃より1時間20分早いマレー半島上陸作戦に参加したのも陸軍歩兵第11連隊であった（歩兵第11連隊は、タイ領シンゴラに上陸した）。マレー半島を南下して英国軍事拠点シンガポールの占領直後、あらかじめ計画されていたシンガポールの中国系住民・華僑への粛清虐殺（「シンガポール検証事件」と呼ばれる）が行われた。

一方で、1942年2月19日の陸軍南方軍総司令官・寺内寿一大将の命令の下、マレー半島ネグリセンビラン州に移動して治安・粛清任務にあたったのが広島の郷土部隊・陸軍歩兵第11連隊である。セレンバンに連隊本部を置いて中国系住民集落を包囲して集団虐殺を繰り返した。3月3日から始まって6次にわたる治安・粛清作戦は同月25日のセレンバン、マラッカの一斉検索で終了した。

その後も、「抗日不貞分子」、「馬来共産党分子」による「抗日策動は跡を絶たず」との認識の下、治安・粛清作戦は各地で繰り返され、42年8月のスンガイルイ村事件（368名が犠牲・裁判記録。村は壊滅した）のような中国系住民虐殺は続いた。戦後の英国戦争裁判において、中国系住民虐殺も裁かれ、戦争犯罪者として多数の処刑者を出した。

筆者の叔父・橋本忠は1948年1月2日、クアラルンプールのプドゥー刑務所で戦争犯罪者として処刑された。28歳だった。叔父が住民虐殺の責任者とされたのは、スンガイルイ村での事件だった。裁判での叔父の本人尋問証言からすると、叔父は軍の命令で、抗日分子、共産党分子に対する掃討作戦を行ったが、その掃討作戦とは、村の中国系住民多数を犠牲にする住民虐殺そのものだったという。事件後、マレー系住民が日本軍の許可を得てインド系労働者を使って遺体の処理・埋葬を行ったところ、368人が犠牲になったことが確認されたという。

現地で行われてきた慰霊祭に2012年に初めて参加した筆者は、死刑となった橋本忠の甥であると名乗った上で、「叔父は死刑という形で責任をとったけれども戦後に生まれた私たちの責任は再び戦争を起こさないこと。日本軍によって犠牲になり多大な被害にあった、と訴えている人々の声に応える責任がある。日本で、郷土部隊が編成された広島で住民虐殺の歴史事実が伝えられていないので、ぜひ広く伝えていきたい」と話した。

私たちは、広島がこうした出撃基地・兵站基地を担った歴史、郷土部隊の「加害の歴史」を「戦争遺跡」とともに伝えていく責務・役割がある。

広島を賑わいづくり、観光化する動きについて

いま一つ指摘しておきたいことが、「平和」や「原爆」を観光目的・集客のため、賑わいのために利用しようとする広島市政の動きである。

世界遺産「原爆ドーム」のバッファ・ゾーン＊である元安川左岸にかき船料亭をわざわざ移転、設置させた。元安川をはじめ広島市内のデルタを流れる河川は原爆投下後、火災を逃れ、水を求めて川に入った人たちが流され、命を失ったところである。広島の河川や海域ではいまだに被爆者の遺骨が残っているとされる。これらの水域や河川敷について被爆

＊バッファ・ゾーン
世界遺産保護のため、周辺地域に法的または慣習的手法によって補完的な利用・開発規制を敷くべきとされるエリアのこと。

者やその遺族の思いを考えるとき、利用の在り方については考慮が求められる。

1945年の終戦間際に多くの学徒、近郊の義勇隊員を動員して「建物疎開」作業で多数の犠牲者を生み出したのが、のちの平和大通りである。広島市はその平和大通りの緑地帯を公園化して、飲食が提供できるようにして、賑わいづくりの目的に利用しようとしている。

インバウンド増加によって、観光客向けの飲食店や関連施設が不足していることは事実ではあるが、こうした施設の整備を、各種の民間開発提案型手法で進めようとする広島市の手法には問題があるといわざるを得ない。

平和推進基本条例の具体化は「恒久の平和を誠実に実現しようとする理想の象徴として、広島市を平和記念都市として建設することを目的とする」という広島平和記念都市建設法の理念に常に立ち返って、運用されるべきである。

第8章

このままではいや。

―はじめてのロビー活動記―

渡部 久仁子

広島市議会が「広島市平和の推進に関する条例（仮称）」の素案に関するパブリックコメントを受け付けている――。そんな内容の記事をＳＮＳで知ったのは２０２１年２月２日だった。２０１９年に広島市議会に設置された政策立案検討会議による初めての議員提案条例となる「平和の推進」に関する条例ということだったので、広島市のサイトで素案を読んでみた。そして、問題がある内容だと感じた。特に問題だと思ったのは以下の３点だ。

一つ目は、「平和」の定義が狭すぎることだ。条例案では「世界中の核兵器が廃絶され、かつ、戦争その他の武力紛争がない状態」と定義されている。戦争や紛争や虐殺、貧困や搾取、環境問題、差別や偏見などのあらゆる暴力を平和の対義語として捉えている現代では通用しない、矮小化された定義だ。正直、国際平和文化都市を掲げる広島市の平和の定義がこの内容とは、恥ずかしいと思った。

二つ目は、核兵器禁止条約について触れられていないこと。この条約は、核兵器の使用はもちろん、製造から保有、使用の威嚇まで全面的に禁じているうえに、被害者支援や環境汚染の改善を協力して進めることも定めていて、原爆被爆者を含めた世界の核被害者や市民社会の長年の訴えが反映された内容だ。被爆地広島の市議会がつくる「広島市平和の推進に関する条例（仮称）」で、核兵器禁止条約について一言も言及しなければ、日本政府と同様、広島市さえも核兵器禁止条約に消極的だと誤解されかねない。世界中の核兵器が廃絶されることが平和の条件であるとしているならばなおのこと、少なくとも自国を含めた未批准国への署名批准の働きかけを明記すべきではないかと思った。

三つ目は、第5条「市民は、本市の平和の推進に関する施策に協力する」と、第6条2項「広島市原爆死没者慰霊式並びに平和祈念式を、市民の理解と協力の下に、厳粛の中で行うものとする」という条文だ。この文言のまま条例になれば、罰則規定はないとはいえ、次なる「規制の根拠」となることが懸念され、式典を厳粛のなかで行うために、「表現の自由」や「思想信条の自由」を制約することになるのではないかと思った。条例素案で最も具体的な条項だけに、薄気味悪く感じた。

周りの友人知人にも情報共有して意見を求めたが、意外に反応は薄かった。報道が広島市の発表をなぞったようなものばかりだったこともあり、ほとんどが素案を読まずして

「平和推進＝いいこと」と条例案について知ろうとすらしなかったように感じられた。「このままではいやだ」。動いた理由はそれだけだった。

仲間と議論を求めてイベントを開催

必要なのは、情報収集と仲間、議論の場だと思った。友人のSocial Book Cafeハチドリ舎店主・安彦恵里香さんに相談すると、すぐに条例に関するイベントを開催することになった。条例案の作成に関わった政策立案検討会議委員の市議会議員9名全員に働きかけたが、中森辰一議員のみが応じ、参加が決まった。

ＳＮＳを使って告知をしたほか、今までの活動で知り合った友人知人に個別に連絡し、条例案に疑問を感じた個人の有志17名が2月14日に集った。

中森議員に今までの経緯を中心にお話を聞き、質疑応答という形で進めた。中森議員の説明によると、２０１７年に設置された平和推進・安心社会づくり対策特別委員会が２０１９年の広島市議会改選前に、平和の推進に関する条例を政策立案で検討するよう提言し、改選後、提言した委員メンバーでない各会派代表がつくる政策立案検討会議が平和推進条例の制定を引き継いで実行しているにすぎないことも分かった。

今後、要望や陳述を行うだけでなく、政策立案会議や政策条例を作るきっかけを作った「平和推進・安心社会づくり対策特別委員会」に所属する市議会議員に直接働きかけるロビー活動を行うという道筋がみえたイベントになった。参加者からは、「平和活動をしているが、一番違和感を感じたのは、ヒロシマ・ナガサキの原爆被害に絞っているところ。広島、長崎だけでなく被害者は世界中にいる。加えて、軍都としての加害の歴史に関して、文言がない。議論してほしい」「（条例の）役割が不明瞭なまま作られるのはよくない。深い理解や思考がない中で作られたのは大きな問題。条例をつくろうとする議員たちの思考停止を浮き彫りにしたと思う」といった意見が上がった。

このイベントがきっかけで参加者を中心に12名のメンバーが集まり、素案内容に疑問を抱いた若者有志でつくる市民グループ「平和推進条例の改善を求める市民キャンペーン」を結成した。そして、議論の内容やロビー活動の報告などを、note（文章や画像などを投稿できるオンラインのメディアプラットフォーム）に逐一記録し、発信していくことにした。

要望書の作成

　メンバーは社会人や学生中心だったので、夜間にオンラインでつないで問題意識と要望を整理し、「条例素案の改善を求める要請書」を作成した。素案の問題点の概略は以下である。

・十分な広報がないまま立案が進んできた。
・コロナ禍で市民が議論に参加する機会を奪われた。
・今議会（２０２１年３月議会）で制定することを目指す姿勢が、あまりに性急である。
・年度内の制定にこだわらず、広島市と市議会、そして市民がともに練り上げていくべき。
・第２条「平和の定義」が狭小である。（被爆地広島が「平和」を定義することの責任をグローバルな視点で再認識するべき）
・第５条「本市の平和の推進に関する施策に協力する」という、市が市民に対して施策への協力義務を強いた文言が存在する。
・第６条２項の「厳粛」の定義があいまいで、条例での使用に対して賛否が分かれているにも関わらず、その語句を入れたまま、制定を進めることに疑問。
・核兵器禁止条約に言及していない。

そこで、次の4点を要望した。

①3月末までの性急な制定を行わないこと。

②この素案の目的と内容、立案過程を、市民に具体的に説明・解説すること。

③2月15日まで行われたパブリックコメントを今後どう反映するのか、について政策立案検討会議の考えを、市民に開かれた形（シンポジウムなど）で発表すること。また、素案に関する市民による議論の場をつくること。

④政策立案検討会議の委員を迎え、素案について学び、議論する場を設定するので、その場へ参加すること。

要望書を手に直接議員と会う

政策立案会議での議論が始まるまで1週間もない厳しい中、メンバーと分担して各会派の代表に電話とＦＡＸ、メールを使って議員と連絡を取り、要請書を次の市議会議員13名に直接渡すことができた。面会順は以下のとおり（敬称略）。

自民党・市民クラブ：山路英男、宮崎誠克

自民党・清流クラブ：大野耕平

市政改革・無党派クラブ：桑田恭子、竹田康律
立憲民主党・市民連合：太田憲二
広島市議会議長（自民党・市民クラブ）：山田春男
広島市議会副議長・政策立案検討会議代表（立憲民主党・市民連合）：若林新三
日本共産党：中森辰一、前検討委員会委員：近松里子
広島新生クラブ：椋木太一
自民党・保守クラブ：三宅正明
公明党：碓氷芳雄

13名の議員に面会したが、この条例が必要であると納得できる説明も強い思いも感じられず、疑問や不信が払拭されなかった。だからこそ、なんとかして傍聴を続け、市民の意思を行動で表そうという気持ちが固まった。

初めて市議会でのロビー活動をして、議員の個人的な思いを聞けた点はよかったと思う。

山田春男議長は、次のように述べた。

私は被爆2世だが、私が子どもの頃は、8月6日の8時15分には、バス

や電車が止まって黙祷するのが普通だった。サイレンも鳴っていた。去年の報道にも、バスの運転手さんが一時停止して黙祷のご協力を、というものがあったように思う。そういうことを市民として受け継いでいかなければならない。そういう時代でなくなっていることが残念な状況にある。

それを踏まえて、未来に遺していくにはどういう条例がいいのか、議員条例だから罰則規定があるわけではないが、未来に一応の光を見出すような平和というものに、当然ながら広島市議会が出すものですから、長崎市議会とも連携していかなくてはいけないですし、そういうことも考えながら、今までずっと検討してきた。

政策条例策定のきっかけを作った「平和推進・安心社会づくり対策特別委員会」の委員だった市政改革・無党派クラブの馬庭恭子議員にも平和の推進に関する条例（仮）の経緯を聞いた。議論の出発点は、２０１７年９月議会一般質問での平野太祐議員（自民党・保守クラブ）の「現在までの平和運動の先頭は被爆者である。その受け継ぎを伝承者に任せるだけでなく、市民の責務として取り組んでいかねばならない。被爆者が存命されている間に、このことを明文化する条例を制定する必要がある」との発言だったこと、馬庭議員自身が過去に子ども条例制定を目指したことがあるが、長期化した上に立ち消えした経緯があるため「議会改革推進委員会でも議会提案の政策を立案していないこともあり、政策立案会議を作って揉んだらどうか」という提案を2018年2月の委員会でしたこと、などを知った。

傍聴

「広島市平和の推進に関する条例（仮称）」素案を作成した政策立案検討会議のパブリックコメント対応会議が始まった。会議は平日に行われるため、傍聴のために仕事を休む必要があったが、全回参加した。

初日を前に、広島市議会事務局市政調査課から、要望等の意見を寄せた団体・個人へ傍聴日程の個別連絡があり、翌日コロナ対応として事前に参加する人数を確認する電話まであった。

政策立案検討会議は公開されているとはいえ、ホームページなどで公開されることもなく、その日程は記者クラブにのみこれまで伝えられてきた。今回は、一部の意見を寄せた個人や団体に連絡したことで、「市民に公開された」会議としているようだ。

しかし、本当に市民に開かれた会議なのか？ 特に強く疑問に感じることが次の3点あった。

①録音・録画不可

開かれた政策立案会議のはずが、初回の会議の決定で、2回目以降、撮影・録音が、広島市政記者クラブに加盟する報道機関（新聞とテレビとラジオ）に所属する者に限定されることになった。

つまり、加盟していない無所属・独立系記者やソーシャルメディアを活用して情報を共有しようとする市民には、より正確な情報収集手段である撮影・録音ができないことになる。メディア媒体も多様化し、個人でも発信することができるようになった今、「広島市政記者クラブに加盟する報道機関に所属する」という線引きの考え方自体が古いのではないか。

むしろ、誰もが視聴可能な媒体で発信されるべきではないか。

②会議録を公開する原則がない

当初、政策立案検討会議は委員会ではなく、協議調整する場なので、会議録が公開される原則がないと対応していたが、広島市初の議員提案の条例作りの過程が市民に公開されないのはおかしいし、こんなことを前例にしてはならないとの声が多数上がり、時間がかかるが公開されることになった。

様々な理由で傍聴できない人、声が聞こえない、あるいは聞こえにくい人が、政策立案検討会議の内容、条例案の経緯を知りたければ「会議録を読む」しかなく、今までほとんどの市民は条例案の経緯と市民意見の対応協議を知ることができなかった。市民意見の協議も後半の段になって、やっとの対応だった。

しかし、公開された会議録を読んでも、録音などの記録がとれない傍聴者である私たちは、正しく会議録が記録されているかをチェックすることができない。また、市議会図書館（平日9時～17時15分・土日祝日休み）での閲覧と広島市公文書館（平日9時～17時・土日祝日休み）の閲覧（コロナ禍で閲覧室は閉鎖中だった）と有料印刷が可能なのだが、平日の9時～17時に中区の市議会図書館か広島市公文書館に行くことができる人もまた少ない。そして、数千枚にもなる会議録を印刷するには費用負担が大きい（白黒10円・カラー20円／枚）。

そろそろ会議録のウェブ公開などの情報公開改革をしてほしい。

③コロナと傍聴

緊急事態宣言下、コロナ禍で外出自粛が求められているにもかかわらず、直接会議場に行かなければ傍聴できないのは、安全対策上心配だった。平日の明るいうちに行われる会議は、必然的に65歳以上の傍聴者が多く、被爆者の方もよくいらっしゃった。オンライン配信など工夫もあっていいのではないか。

過去最多のパブリックコメントが寄せられたのに

審議の過程にも疑問を感じた。条例案への市民意見募集に対して、1千件以上の意見や要望が寄せられた。しかし、この条例案について話し合う、市議会各会派の代表者でつくる政策立案検討会議では、市民の意見はほとんど反映されなかった。会議を傍聴したが、素案制作過程で全会一致の原則を採用していたため、たった一人の議員の反対で、市民意見が採用されなかった。また、政策立案検討会議の議員は、今までの議論や経緯の確認、自身の意見を主張するばかりで、市民の意見を分析し、それを反映させようとする姿勢は感じられなかった。

あれだけ多くの意見が寄せられたにもかかわらず、「被爆75年を迎え」という表現が「被爆75年が過ぎ」に改められるというわずか1カ所の修正にとどまったことは情けない。さらに検討が加えられるべきだと考えた。

パブリックコメントというものは、市民の意見を「聞く」ことではなく、市民の意見を聞いたという「アリバイ」のために行われるものだということなのかと思うほど機能していない現状を知った。

定例会での審議が拙速なものと言われないように、法律の専門家や、市民の意見を幅広く取り入れ、多くの市民の理解が得られるように練り直すべきではないか。

陳情書の提出

「広島市平和の推進に関する条例（仮称）」は、「広島市平和推進基本条例」という名称になり、政策立案検討会議での協議は終了した。２０２1年6月議会に条例案が上程・審議されようとしていて、私たちは、拙速な審議・議決が行われることに大きな危惧を抱き、市民意見を取り入れ、市民の理解が得られるような条例となるために尽力していただくよう、同年6月11日に陳情書を広島市議会議長あてに提出した。

「広島市平和推進基本条例案」の修正を求める陳情書（要約）

・第2条「平和の定義」は、狭小すぎる。
・核兵器禁止条約の記載がない。
・平和推進を目的とする条例案でありながら、憲法違反の疑義がある。
・市民意見が全く取り上げられていない。

幹事長会議での修正

政策立案検討会議の条例素案を基に、各会派幹事長会議を通して、各会派に意見照会を行うことになったため、短時間で以下の3点の修正が行われた。

①核兵器禁止条約が発効したという事実は入れた方がいいとの意見から、前文で「核兵器禁止条約の発効など、世界的にその機運は高まっているものの、実現まではいまだ多くの課題がある」と修正。
②第5条の「本市の平和の推進に関する施策に協力するとともに」は、削除され、「市民は、

平和の推進に関する活動を主体的に行うよう努めるものとする」に。
③第6条2項の「市民」は「市民等」に修正され、「広島市原爆死没者慰霊式並びに平和祈念式を、市民等の理解と協力の下に、厳粛の中で行うものとする」と対象を広げた。

これだけの修正が、幹事長会議での1時間にも満たない短い審議で決まった。事前調整したことがうかがわれ、市民に開かれた協議とは程遠かった。そしてこの修正案が最終案となり、市議会で賛成多数で可決された。

条例可決から現在

条例可決以降、この条例を市民として許容していると思われたくない、といった気持ちは続いている。正直、広島市にも議会にも失望した。当初は、一生懸命伝えれば聞いてもらえるのではないかという希望があったが、「自分たちは選挙で選ばれた」「議会制民主主義だから」と十分な議論をせずに、決定することを「政治」とし、1千を超える市民の声をほとんど相手にすることはなかった。

広島市長選も市議選も、直近の投票率は34％台。選挙の投票率がなぜこんなにも低いのか、市民の関心がなぜこんなにも薄いのかという原因の一つが、市民の声が反映されず、内輪の調整で物事が決まってしまう議会の「慣例」にあるのではないかと思うようになった。途中からとはいえ条例制定の過程を見てきて、市議会が茶番にさえ見えてしまうようになった。

私は、地方自治ほど議員選挙による間接民主主義による政治参加だけではなく、地域に根差した自治的な合意形成が必要だと感じるようになった。そのための努力を市も議員も市民も尽くしているとは言えない。私たち市民は、この現状についてもっと怒っていいと思う。

条例制定後広島市は、8月6日の式典会場で、平和記念式典に関するアンケートと称して、デモの拡声器の音量が聞こえるかどうかを調査している。「広島県生活環境の保全等に関する条例」に基づき規制を行っているにもかかわらず、さらなる規制の根拠づくりをしているようで気味が悪く感じている。

条例が施行されてから、「ひろしま平和ノート」の改訂や平和記念公園とパールハーバー国立記念公園との間の姉妹公園協定の締結、広島市長による市職員研修での教育勅語引用問題など、被爆80年を前にヒロシマの根幹にかかわるさまざまな問題が噴出している。

戦争や暴力、核による脅しが横行する世界情勢と相まって、今までにないほどの危機感を抱いているが、それを共有できる人は正直決して多くない。だれかを悪者にして扱き下ろしても、この現状が改善すると思えない。市民同士がつながって、学びあいながら議論や行動のために必要な事実や思想を共有すること、抗うこと、想い描くことを続けていく延長にしか、私たちが望む未来を追求することはできないと思うようになった。

だれかに自分の運命を託して後悔した歴史を知っているからこそ、自分の今とこれからは自分で選択し、生きていきたい。ある意味民主主義はめんどくさいのかもしれない。知識と手間と時間とエネルギーが必要だ。それでも、私はあきらめたくない。

私は初めてのロビー活動を通じて、たくさんの新しい出会いをした。知らなかった事実や様々な考え方、長年の考動によって地層のように積み重なってできた思想を知り、自分自身の視野が広がった。思いきり意見を交わせる仲間もできた。そのおかげで、いろんな課題や問題に気づけるようにもなった。実際に動いたからこそ得ることができたものだ。

私は今、「広島市平和推進基本条例」の改訂にとどまらず、市民が目指してきた広島とはどのようなもので、私たち自身とまちの在り方はどうあるべきか、みんなで考えて作っていきたいと思っている。そのためにこれまでの先人たちの歩みや言葉、思想を学ぶ場を創りながら、継続して市政を注視していきたい。私の初めてのロビー活動に終わりはない。

第9章

広島市平和推進基本条例と「ヒロシマの心」

湯浅 正恵

広島市議会による広島市平和推進基本条例が2021年6月25日に賛成多数（賛成42名、反対9名、退席1名）で可決された。

それは2017年9月の平野太祐議員の市議会での質問から始まった。「被爆者の思い」を市民が受け継ぐ条例制定の必要性について問われた理事者（市当局）は、「これまでの取り組みを十分に検証した上で検討すべき」であり、今後の対応は議会とも協議したいと回答した。この質問後、既に設置され、ビジョン2020の検討を依頼されていた「平和推進・安心社会作り対策特別委員会」は、条例策定のための「調査研究」を開始する。そして2019年3月にその最終報告書で、高齢化する「被爆者の願い」を次世代に継承することを目的として条例策定を市議会に提言した。

こうして各会派からの8名（後に9名）の委員による「広島市議会政策立案検討会議」が設置された。2年間に及ぶ24回の会議での検討の末、条例案は市議会に提出され採択されたが、この条例が「被爆者の願い」を伝えるものとなったかどうかは極めて疑わしい。

条文の前文には「核兵器の廃絶と世界恒久平和の実現を願うヒロシマの心」という被爆者の願いが書き込まれている。そして第1条にはこの条例の目的として「ヒロシマの心である核兵器の廃絶と世界恒久平和の実現に寄与する」とされ、さらに第2条の「平和」の定義として、「世界中の核兵器が廃絶され、かつ、戦争その他の武力紛争がない状態」に限定している。しかしこうした条文案が示されたとき、パブリック・コメントとして市民から1千件以上の意見が寄せられ、広島の主だった被爆者団体は全てが条例案に異議を申し立てた。広島弁護士会も2回の会長声明で、憲法で保障される表現の自由を条例が制約する可能性を指摘した。噴出した様々な異議申し立てを受け、政策立案検討会議の若林代表は、「全会一致原則」を採用し、政策立案会議委員の誰一人も反対しない場合にのみ条例案を修正するとした。

その結果、これらの異議申し立てについて議論が尽くされることはなく、条例案に反映されることもなかった。これが民主主義原則からして「大失態」（田村、本書第2章）であることは明白である。

この条例の問題については筆者も陳情書として市に提出し、他の論考でも詳述されているため、ここでは繰り返さない。本稿は条例制定から3年近く後のある事件から、この条例がそもそも市議会が意図した「ヒロシマの心」を伝えるものなのか、また伝えるものになりうるのか論じてみたい。ある事件とは「広島パレスチナともしび連帯共同体」という市民グループが提出した広島市と広島市議会への公開質問状とそれへの回答、その後の進展である。

「広島パレスチナともしび連帯共同体」の公開質問状

「広島パレスチナともしび連帯共同体（以下共同体）」は、２０２３年10月に始まったイスラエル軍によるガザ地区におけるパレスチナ人の虐殺に抗議する、個人のゆるやかなネットワークである。10月13日から毎日原爆ドーム前でメッセージを掲げ、ともしびを灯し、広島市民や国内外各地からの観光客に話しかけ、フライヤーを配布し、イスラエルによるパレスチナ占領、そして現地の危機的な状況を伝え、行動を呼びかけている。筆者もメンバーのひとりである。

共同体が行動を開始してちょうど4カ月の２０２４年2月13日、松井一實広島市長・平和首長会議会長と母谷龍典・広島市議会議長あてに公開質問状を提出した。それは「国際平和文化都市」を名乗る広島市が、なぜ4カ月に渡りこのガザの惨状に沈黙しているかを問うものであった。それは条例が目的とする「平和」を推進する施策についての問いかけだった。その当時、すでに国内の２２７の自治体が、決議や声明を採択していた。質問内容は、以下の通りである。

①現在のガザの状況をジェノサイドと認識しているか。

②ウクライナ戦争が開始した際には1週間でロシアに対する決議案を採択したにもかかわらず、なぜパレスチナへのイスラエル侵攻に対する行動がないのか。

③イスラエルの政治家の核威嚇発言もあったが、このガザ虐殺は核問題でもあるとの認識はあるか。

④パレスチナの28都市（ガザ市を含む）や、イスラエルの54都市（研究用原子炉をもつディモナとヤブネを含む）が加盟する平和首長会議はこれまで今回の人道的危機や虐殺に如何なる対応をとってきたのか。現在進行中の加盟都市による侵攻、加盟都市による人道的危機や虐殺についてのこれまでの対応。

⑤今後の行動の予定。

回答期限の2月20日に広島市議会から、21日に広島市から回答が送付されてきたが、その内容は条例の「平和推進」とは相容れない内容だった。

広島市議会と広島市の回答と平和推進条例

再び、広島市平和推進基本条例を確認しておこう。

この条例は「平和の推進」のための施策を推進し「核兵器の廃絶と世界恒久平和の実現に寄与することを目的とする」のであり（第1条）、「世界中の核兵器が廃絶され、かつ、戦争その他の武力紛争がない状態」というその極めて限定的な平和の定義（第2条）に照らしても、現在のガザの状況は、明らかに「平和」が損なわれている状況と言えよう。そこでの広島市の責務は、平和を推進する施策を策定し実施することであり（第3条）、市議会は「その機能を最大限に発揮」し、長崎市議会等と連携し、平和を推進する（第4条）とされている。しかし、そうした行動は過去4カ月、少なくとも市民に見える形では実施されておらず、公開質問状への回答には将来の行動の意思は見えなかった。具体的に市議会の回答から見ていく。短いので全文掲載する。

令和6年2月13日付けでいただいた公開質問状のうち、議会に関係する質問について、一括してお答えいたします。議会は、市民から選挙で選ばれた議員で構成する合議制の議事機関であり、本会議に諮って結論を出す（議決する）ことで議会の意思決定がなされます。また、決議とは、議会が行う事実上の意思形成行為で、議会の意思を対外的に表明することが必要である等の理由でなされる議決です。本市議会において、イスラエル・パレスチナ情勢に関しては、これまで決議案が提出されておらず、議会の意思決定はなされておりません。このため、本市議会においては、現在のところ、イスラエル・パレスチナ情勢に関する最終的な意思決定がなされていないことから、御質問にありました議会としての認識についてお示しすることはできません。

つまり、これまで市議会に決議案も提出されておらず、議論も意思決定も行われていないため、質問された項目についての認識もない、というものだった。自らが条例で課した「その機能を最大限に発揮し」「平和の推進に関する活動を行う」という役割を完全に放棄している。

それでは広島市はどうだろうか。

質問①では、「ジェノサイド」との言葉を避けながらも「戦禍により多くの人々の命や日常が奪われている」との認識を示したうえで、「極めて遺憾」と述べている。

質問②には、「国際的な紛争の解決に向けた外交、安全保障に関することは国の専権事項であることから、本来、こうした事案に対する声明文の発出等は基礎自治体の役割ではありません」と断った上で、例外として「核実験の実施など、核兵器廃絶を阻害する行為が行われた場合などには、直接、当該行為の主体者に抗議文を送ってきた」とし、ガザの場合は、核兵器廃絶を阻害する行為にあたらないため行為の対象ではなかったとする。しかし条例の平和の定義に「戦争その他の武力紛争がない状態」が含まれており、そのような平和にむけて施策を実施する市の責務が無視されている。それのみならず、「世界中の核兵器が廃絶され」るという、もうひとつの平和を達成するための施策の責務についても、極端に矮小化している。

質問③に市は以下のように回答している。

ここで言われている核問題の定義がよく分かりませんが、本市が直接抗議文を送ることにしている核実験の実施などには当たらないものと考えています。

なお、イスラエルの政治家による核使用「選択肢」発言が問題となり、ネタニヤフ首相によって、職務停止処分を受けたことは承知しています。


広島市にとっての「核兵器廃絶」のための施策は、どういうわけか「核実験の実施など」の「核兵器廃絶に逆行する行為」に限定され、イスラエルのように核兵器不拡散条約（NPT）外で核兵器を保有することも、閣僚が核威嚇することも、彼らの認識では「核兵器廃絶に逆行する行為」ではなく、広島市にとっての「核問題」ではないとの主張である。

このような認識は「国際平和文化都市」を市政の最高目標としてきた市の公式回答としては奇異なものであり、条例の責務として示される「核兵器廃絶」と「世界恒久平和の実現」のための「平和の推進に関する施策を策定し、及び実施する責務を」果たす意思がない、と解釈されうる。

平和首長会議の行動についての質問④の回答では、2023年10月の国内加盟都市会議総会の場において、イスラエルとパレスチナの武力衝突を踏まえ、「今こそ市民社会が一丸となって、罪のない多くの一般市民が犠牲になる都市への武力行使を停止させ、対話による問題解決を目指す平和意識の醸成を図ることが必要であるとの呼び掛けを行うなど、様々な機会に武力衝突の平和的解決を求めている」としている。さらに、今後の行動予定を問う質問⑤には「国際約な紛争の解決に向けた外交、安全保障に関することは国の専権事項」と繰り返したうえで、「武力行使の停止と対話による問題解決が進むよう、引き続き、平和首長会議の加盟都市と共に、平和文化を振興し」ていくと述べている。

「平和文化の振興」も「平和意識の醸成」も「平和」という文字を入れることで、広島市としては、条例で責務とされる「平和の推進に関する施策を策定し、及び実施」したことにしたいのであろう。確かに「平和文化の振興」も「平和意識の醸成」も悪いことではない。しかし今、食物も水も取り上げられ、すべての生活基盤を破壊されたうえに、虐殺への絶え間ない恐怖に晒されている加盟都市ガザの人々に、何事もなかったかのように「平和文化の振興」「平和意識の醸成」をこれまでと同様に努力しているとアピールすることがいかなる意味をもつのか今一度考えてみるべきであろう。それは現在進行中の虐殺と極度の人権侵害を傍観、もしくは容認することであり、そうしながら振興される「平和文化」や醸成される「平和意識」は倒錯的で、残酷ですらある。

市民の多くの反対を押し切って、わずか3年前に自ら策定した条例を、広島市議会は全く忘却してしまったのか。広島市は、条例の目的とする「世界恒久平和の実現」を忘却し、通常の日本語理解では奇異としか言いようのない「核問題」の定義から自らの責務を極端に限定してしまったのはなぜか。この奇妙な状況は、市議会や市政が頻繁に言及する市の最高目標としての「国際平和文化都市」、そしてその「平和行政」の決まり文句である「核兵器廃絶」と「世界恒久平和」、つまり「ヒロシマの心」の空洞化にあるように思える。広島市はこれらの言葉に込められた理念を、「広島平和記念都市建設法」とともに忘却したかのようである。

広島平和記念都市建設法

１９４９年制定の「広島平和記念都市建設法」は、２０２１年に「広島市平和推進基本条例」が制定されるまで唯一の広島の平和行政の法的根拠とされてきた。この法律は広島の復興予算を獲得する重要な役割を果たした法律として現在は知られているが、実はもうひとつの重要な役割があった。法の目的を示した第1条は以下である。

この法律は、恒久の平和を誠実に実現しようとする理想の象徴として、広島市を平和記念都市として建設することを目的とする。

この法案を起草した寺光忠*は、国会両院で広島平和記念都市建設法が可決されて1週間後の1949年6月5日に『ヒロシマ平和都市法―広島平和記念都市建設法註解』という冊子を発行し、その後の住民投票に向けて、広島平和記念都市建設法の意義を説明している。それによると、憲法前文の第2段落「日本国民は、恒久の平和を念願し」と第9条「日本国民は、正義と秩序を基調とする国際平和を誠実に希求し」の「両者をうけて」建設法第一条の「恒久の平和」という表現を採用し、憲法第9条「国際平和」とは前文の「恒久の平和」であるとする。そして、人間理想の恒久平和のみならず「わが戦争の放棄」をも象徴する都市をつくることは世界史的にみて大きな意義をもつと寺光は論じている。

2019年、広島市の平和行政を担当する平和推進課の課長は、市議会の政策立案検討会議で、この法律が広島市の平和行政の「一番の根拠」であり「理念はずっと生きている」と説明している。そしてこの法律は現在も有効であり、その理念に根ざすなら、広島市は

＊寺光忠
1908年広島生まれ。広島平和記念都市建設法成立当時の参議院議事部長で法の草案を作成した。1996年没。

「世界平和」の実現に向けて誠実に取り組むことが都市の使命として法律で定められているといえる。さらに第6条には、以下のように市長の責務が記されている。

広島市の市長は、その住民の協力及び関係諸機関の援助により、広島平和記念都市を完成することについて、不断の活動をしなければならない。

広島市長は、世界平和に無関心であることは許されないばかりか、「不断の活動」を義務付けられている。

広島市は1970年に、自らの都市像として「国際平和文化都市」をその基本構想に初めて掲げることになるが、この言葉が広島選出の参議院議員として広島平和記念都市建設法の成立に尽力した山田節男広島市長から提案されたことは偶然ではないだろう。山田市長は日本の反戦平和主義がサンフランシスコ体制のなかで空洞化し、広島においても、広島平和記念都市建設法の当初の理念が語りにくくなっていたときに、世界連邦主義者として反戦を訴え、「国際平和文化都市」という目標をその市政の中心に据えた。

それから半世紀、広島市政の根幹となる10年ごとに作られる広島市基本構想と基本計画

（ふたつをあわせて「総合計画」と呼ばれる）では今日に至るまで、「国際平和文化都市」が広島市の都市づくりの最高目標であり続け、そこには「核兵器廃絶」と「（世界）恒久平和」が並べて記されている。したがって「国際平和文化都市」は、単に広島市が勝手に謳っているのではなく、「広島平和記念都市建設法」の反戦理念の市政への具現化であり、市議会の承認を受ける広島市政の長期計画の根本原理である。それはつまり市民と広島市の契約ともいえる。

広島市の公式ホームページの広島平和記念都市建設法の説明において、反戦の理念や憲法前文との関連が言及されることはない。2023年2月発刊された『平和文化の振興』の市長の「御挨拶」において「憲法」との関連がようやく言及されたが、冊子で主張される「平和文化の振興」が憲法の平和主義とどう関連するのかは不明である。建設法は長年に渡り復興の財源確保の法律と矮小化されて、広島の担う「反戦」と「国際平和」の役割は忘却されてきた。前述の通り、平和推進課の課長は、この法律が広島市の平和行政の「一番の根拠」であり「理念はずっと生きている」と説明しているが、はたしてどれほど明確に「その理念」を理解しているかは極めて疑わしい。

なぜなら検討会議での市議とのやりとりにおいて、市議が、建設法は「古い」法律であり、現在では法律に基づき予算が国から出ることもなく「平和を推進しているというふうには、あまりちょっと実は思っていなかった」と発言し、平和推進課長は「確かに復興期に一番使われた」とその指摘を認めているからである。

こうして唯一の法的根拠とされ、半世紀以上にわたり市の平和行政を支えてきた広島平和記念都市建設法は、平和行政の新たな法的根拠となった条例において、その理念が語られることはなかった。

広島パレスチナともしび連帯共同体は、広島市と広島市議会からの回答を踏まえて2月21日からオンラインキャンペーンを開始し、「国際平和文化都市」の即時の行動を求める署名を募った。この署名キャンペーンを開始して5日後の27日、広島市議会は、全会一致で「イスラエル・パレスチナをめぐる武力紛争の終結をめぐる決議」を採択した。それまでの働きかけに全く応じる様子もなかった市議会の急変は署名キャンペーンの成果であろうか。それにしても市議会は3年前に苦労して制定した条例を完全に忘却していたのであろうか。

ガザの状況の緊急性を鑑み、キャンペーン期間は1週間に限定されたが、その短期間に2万5千筆の署名が寄せられた。その終了日の29日に、共同体は広島市に署名を持参し、行動を求めたが、担当課である平和推進課課長は「国際約な紛争の解決に向けた外交、安全保障に関することは国の専権事項」と繰り返し、地方自治体の限界を主張した。広島市は他の都市とは異なり、「広島平和記念都市建設法」の責務を負うことを完全に忘却しているような回答だった。

広島市は「広島平和記念都市建設法」を忘却することにより、その理念の具現化であるはずの「国際平和文化都市」を空洞化し、その具体的施策であるはずの「核兵器廃絶」「世界恒久平和」を、通常の日本語から乖離した行政用語に作り変えてしまったのではないか。理念が消えた言葉は、「被爆者の願い」という崇高性が充填されることで、「核兵器廃絶」「世界恒久平和」の施策内容は問われることもなく、その矮小化は正当化されてきたのではないだろうか。空洞化は今始まったことではない。そして空疎な言葉の羅列である条例は、市議会や市政にとって、実質的な意味を持たない、なんら自らの責務とは関係ないものとなったように思える。

それでは広島市にとって条例の役割は皆無なのであろうか。

このガザ決議が採択されたその日、条例に係るもうひとつの請願を市議会は採択した。それは平和記念式典の厳粛な開催を求める請願（資料編5の(3)(4)）であり、その根拠として、条例の中で賛否が最も分かれた「本市は、平和記念日に、広島市原爆死没者慰霊式並びに平和祈念式を、市民等の理解と協力の下に、厳粛の中で行うものとする」とした第6条2項が示された。これは憲法の「表現の自由」に抵触すると弁護士会が異議を唱え、多くの市民団体が反対した条項である。この請願の採択により、行政は具体的な施策を講じることになる。この請願の採択には、市民による大規模なキャンペーンも必要なく、議場で傍聴した市民からの野次は飛んだが、活発な議論が行われた形跡もない。

このことから、少なくとも平和記念日に市民による政治的言動や運動を規制する点においては、本条例は具体的な効果を発揮するようにみえる。

今後の広島市の「平和行政」の行方は、「広島平和記念都市建設法」の理念を甦らせ、条例のなかの、理念を抜き取られ奇妙な解釈が付された行政用語を、いかに市民が取り戻すかにかかっているように筆者には思える。

あとがき

宮崎 園子

「虐殺続けるイスラエルを呼ぶな」「再びの戦争を許さないぞ」。2024年8月6日早朝5時前、原爆ドーム北側にはシュプレヒコールが轟いていた。広島市職員は手元の時計を見つめ、5時になった瞬間に声を上げ始めた。「5時になりました。公園外への退去をお願いします」「公園条例に違反します」。しかしスクラムを組んだ群衆は一向に動かない。ふと横に目を向けると、地元テレビ局の腕章をつけた男性記者が、笑いながら警察官に話しかけていた。「これって、強制排除できんのん?」

広島原爆の日の早朝、原爆ドーム前には異様な空気が流れていた。例年なら、筆者は午前6時ごろに平和記念公園に行き、今も遺骨7万柱を納めたままの原爆供養塔の前で開かれる広島戦災供養会主催の追悼行事を見届け、そこを出入りする人たちと語らい、そして取材に向かう。だが今年は公園への到着を大幅に前倒しした。原爆ドーム前に参集する人たちの言論・表現活動に対し、広島市がどのような規制を行うのかを確認するためだった。

この日から遡ること3カ月ほど前、毎年平和記念公園の原爆慰霊碑前で挙行してきた平和記念式典について、会場を元安川対岸の原爆ドーム前にまで大幅に拡大した上で、式典開始3時間前の午前5時から終了直後の午前9時までの4時間にわたって、入場規制をかけると市が発表したのだ。

式典挙行中の拡声器を使ったデモをめぐっては、本書で各筆者が記したようにここ数年、広島市が規制条例を検討したり、平和記念式典が厳粛な環境の中で行われるために市民の協力を求める決議案を市議会が全会一致で可決したりするなどの動きが起きてきた。式典に参列する首相に抗議する団体とそれに対抗する保守系団体との間の小競り合いは、特定秘密保護法の可決や、集団的自衛権の解釈を変更し自衛隊の活動を広げた安保法制制定などを経て第2次安倍政権下に一層熾烈になっていた。そういったことが、平和記念式典を「市民等の理解と協力の下に、厳粛の中で行う」とした広島市平和推進基本条例の第6条2項の規定が設けられた背景事情だった。

静かに犠牲者を追悼したい。式典中だけでも静かな方が好ましい。筆者もそう思う。ただ、いくら平和記念式典の挙行という大義があったとしても、市民が自由に声を上げることを権力側が恣意的な判断で制限するなど、記者としても、そして一人の市民としても、到底容認できない。それがこの間の筆者の一貫した考えだ。だから、拡声器のみならず、ゼッケンやプラカードといったものを含めて、会場内への持ち込みを禁止する内容の今年の規制は異様にしか見えなかった。法的根拠を市側に尋ねても、明確な答えはないままだった。

「広島中央警察署長から、依然として公園内に滞留する君たちに広島市長からの要請に基づき重ねて警告する。規制中の公園内に滞留する行為は公園管理業務の妨害となっている。直ちに広島市長からの指示に従い、公園内から退去しなさい！」。規制時間に入って1時間以上が過ぎ、拡声器を使って警察官が上から目線でがなりたてる。その根拠が、広島市公園条例だった。あれだけ、「厳粛」という文言にこだわって制定した広島市平和推進基本条例はどこへやら。現場にいた担当課長に聞くと淡々とこう返してきた。「平和推進条例は強制力がないから、公園条例に書いてあることを上回る規制はできない」。当然のことではある。何が「厳粛」で何がそうでないのかを判断するのを権力側が恣意的に判断することなど到底不可能なのだ。では、なんのためにあんな条文を設けたのだろうか。

広島市議会は今年2月、「『広島市平和推進基本条例』に明記されている厳粛な平和記念式典の開催を実現するために、広島市は実効性のある対応に取り組むこと」を盛り込んだ請願を賛成多数で可決している。今後、広島市議会でこの件がいかに展開するか、私にはなんとなく見えてきた。現場にも顔を出し、市職員や警察官と何やら打ち合わせのようなことをしていた保守系議員らが中心となって、「実効性のある」条例の整備を求めていくに違いない――。その必要性を公衆の面前で見せつけること、それが、警察官を数百人規模で平和公園周辺に配置した（広島市がさせた）目的なのではないだろうか。

1981年以降、毎年原爆ドーム前でダイ・インを続けてきた市民団体は、この日の規制を睨み、行政の言うとおりにプラカードなどを持たずに規制区域に入った上でダイ・インをするグループと、規制区域外となった旧広島市民球場で拡声器や横断幕を使ったいつも通りの抗議をするグループと二手に分かれると言っていた。だが、ドーム前のあまりの喧騒に、最終的には全員規制区域外で行動することになった。「騒音問題が安全問題にすり替えられ、騒音と関係ない平穏な市民活動が排除された」と代表者の男性は憤っていた。原爆投下時刻の8時15分、彼らは原爆ドームが見える規制区域外でダイ・インに臨んだ。

結局、私たちはなぜ原爆の日に平和記念式典を開くのだろうか。何を目的にし、誰を招き、誰に対して、どんな誓いを立てるのだろうか。「式典の安全な挙行」そのものが目的化した今年の式典からは、核兵器廃絶と世界恒久平和という大きな目的がどこかへ行って見えなくなっているという感覚しか抱き得なかった。式典終了後、手元のスマホを確認し、地元広島選出の岸田首相は、例年とほとんど変わらぬ内容のスピーチをしたと知った。この1週間あまり後に唐突に退陣を発表した岸田氏。『核兵器のない世界へ』の著書があり、「核軍縮がライフワーク」と豪語し、広島出身でも広島在住でもないにもかかわらず訪米時には「my hometown of Hiroshima（私の地元・広島）」などとスピーチをしていたのに、結局、広島の人間が願ってきた「核兵器廃絶と世界恒久平和」に近づけるどころか、歴代首相の中でも限りなく遠ざけ、仕事を投げ出したことになる。

「広島パレスチナともしび連帯共同体」のメンバーは、8月6日の夕方もいつも通り、原爆ドーム東側の定位置に集った。「この地で無念にも亡くなった人たちを想うとき、今同じようにガザで死んでいる人たちのことを考えないわけにはいかない」。共同体メンバーで、本書執筆陣の一人でもある湯浅正恵・広島市立大教授はそう訴えた。SNSで見て自分も参加したいと思った、という若者たちが各地からやってきていた。「ナクバ*からパレスチナはイスラエルの占領下にある。1945年から広島は建て直すことができて我々は平和な日常を過ごせているが、同じ時間、ずっと占領下を過ごしている人たちがいるということを広島から考えるべきなのではと思ってきた」。日暮れどきのドームを背に、広島出身で

*ナクバ
国連総会がパレスチナの分割を決議した1947年11月末から1948年5月のイスラエルの建国を挟んで1949年まで、パレスチナ各地で起こった組織的な民族浄化とそれに伴うパレスチナ人の祖国喪失。この悲劇を、アラビア語でナクバと呼ぶ。

現在スウェーデンの大学で移民研究している渡辺空太さん（29）はマイクを持ってそう語った。
1945年8月6日の記憶が遠のく中、ここで何が起きたのかに改めて想いを馳せ、記憶し続けることはもちろん、広島市民としてやり続けなければならないことだ。だが同時に、刻々と変化する世界情勢の中、その時々に、私たちは戦争が止まない世界に対して、どんな言葉を持つことができるのか、そしてどんな行動をとるべきなのかを考え続け、ヒロシマの平和の哲学を耕し続けなければならない。それが、「被爆地」の使命なのだと、これほど痛感した夏は今までなかった。

そう思うに至った理由は、広島市による式典規制だけではなかった。きっかけは、3日後に平和祈念式典を挙行した、もう一つの「被爆地」長崎市だった。

パレスチナへの攻撃を続けるイスラエルを平和式典に招待するか否かで、広島・長崎の態度は鮮明に分かれた。広島市が例年通り招待した一方で、長崎市は招待を見送った。理由は政治的なものではなくあくまでも式典の平穏のためだとしたが、公式説明はさておき、この判断の前段として、外務省との協議を経て、広島・長崎ともに2022年以降ロシアを不招待としてきたことが布石となっている。

つまり、招待国に関する国の介入を2年前に受け入れてしまったことが発端となって、ロシアへのスタンスとイスラエルへのスタンスとの間の整合性を熟考せざるを得なくなったのだ。少なくとも、長崎市は「ダブルスタンダード」と捉えられかねない状況をしっかり検討した。その結果、公式な理由説明はどうであれ、イスラエルの招待を見送った。

ロシアを呼ぶと、ウクライナ侵攻をめぐって事実に反する主張をほかの国に押しつける可能性があり、式典の円滑な挙行が妨げられるが、イスラエルを招待してもその心配はない――。広島市はそう説明したが、「イスラエルにはその心配はない」と考える根拠は示されなかった。ちなみに、日本政府が国家承認していないパレスチナについては、長崎市が駐日代表を2014年以降招き続けている一方で、広島市は招いていない。ロシア不招待と合わせて、広島がいかに「国家」にとらわれているかがよくわかる。

米英仏らG7諸国はあろうことか、「イスラエルを招かないなら我々も行かない」と長崎市に圧力をかけた。だが、長崎市長はそれでも方針を変えなかった。結局、G7諸国の大使は、長崎の式典をボイコットした。

今回に限らず、筆者はこの数年、もう一つの被爆地・長崎市の姿を見るにつけ、広島市の平和行政に対して疑問を抱いてきた。広島と長崎の違いを感じ始めたのは、2017年夏だった。122カ国の賛成によって国連で核兵器禁止条約が採択された翌月の原爆の日、広島の平和宣言は、外務省界隈の常套句である、「核保有国と非核保有国との間の橋渡し」に引っ張られた訴えしかできなかった。

だが、長崎は違った。「核兵器禁止条約の交渉会議にさえ参加しない姿勢を、被爆地は到底理解できません」と日本政府の姿勢を鋭く批判した上で、条約への一日も早い参加を目指せと、明確に求めたのだ。その後安倍晋三首相と被爆者団体の面会の際には、こんな言葉が被爆者から飛び出した。「あなたはどこの国の総理ですか」。

「怒りの広島、祈りの長崎」と言われてきたが、果たしてそうなのか――。国がどうであれ、被爆地には被爆地の考え・主張があるという信念は、少なくともこの数年、長崎市にしか見出せない。そしてその思いが今年、確信に変わったのだった。

2016年、オバマ米大統領は広島を訪問したが、長崎は立ち寄らなかった。

2023年、広島でG7サミットが開催されたが、首脳らはやはり長崎に足を延ばさなかった。長崎では行われなかったそれらの政治イベントによって、広島はいったい何を得たというのだろうか。原爆慰霊碑の前で、原爆投下国の大統領が「空から死が降ってきた」と原爆を他人事のように語ることを許し、核保有国と核の傘国ばかりのＧ７首脳が、「核兵器は安全保障上の役割がある」などと核抑止論を堂々と主張することを許しただけではないか。

不当な規制をかけて被爆地の叫びを封じてでも、核兵器を手放すつもりがない政治家たちを招いての式典開催を目的化し、円滑な挙行を優先したことで、平和式典の意味を歪めてしまった。それが、核保有国に追随するばかりの日本政府と一体化し、国家主義にとらわれてしまっている広島の哀れな姿だ。

そんな私たち広島市民の代表が、「平和推進」という大きな目標を掲げて策定したこの条例はこの先、被爆地ヒロシマでどんな意味を持つことになるのか、あるいは持たないままでいるのか。問われているのは私たち市民一人ひとりの具体的な行動に他ならない。

本書の最終編集作業に取り掛かっていたとき、広島や長崎で被爆した人たちが１９５６年に設立し、被爆者援護や核兵器廃絶を訴えてきた全国組織、日本原水爆被害者団体協議会（日本被団協、本部・東京）が２０２４年のノーベル平和賞を受賞したというニュースが飛び込んできた。原爆の惨禍を生き抜いた多くの被爆者たちはもうすでにこの世にいないが、このたびのノーベル平和賞受賞によって、ますます、被爆者と被爆地に注目が集まることになる。

だからこそ、過去の歩みを改めて振り返りつつ、核兵器も戦争もない社会をしっかり見据えた上で、被爆地とはなんなのか、ヒロシマとは何を訴えるまちなのか、について、再定義する必要があるのではないだろうか。

執筆者

宮崎　園子

１９７７年、広島県生まれ、香港、アメリカ育ち。金融機関勤務、朝日新聞記者を経て、２０２１年からフリーランス記者。

田村　和之

１９４２年生まれ、群馬県出身。広島大学名誉教授（行政法、社会福祉法）。広島大学教授、龍谷大学法科大学院教授など歴任。

金子　哲夫

１９４８年、島根県生まれ。広島県原水禁代表委員。元衆議院議員（２０００年～２００３年）。

本田　博利

１９４８年、広島県呉市生まれ。京都大学法学部卒業。広島市役所に30年勤務。２０１３年まで愛媛大学法文学部教授。沖縄大学地域研究所特別研究員（地方自治法、環境法、都市法）。

向井　均

１９４２年、中国・上海生まれ。広島市立大学大学院国際学研究科博士後期課程で社会運動や「黒い雨」被害者運動を研究中。

橋本　和正

１９５１年、広島県廿日市市生まれ。広島自治体問題研究所・事務局長。元・広島市職員。

渡部　久仁子

１９８１年、広島市生まれ。大谷大学卒。ＮＰＯ法人ANT-Hiroshima理事。ドキュメンタリー映画「はだしのゲンが見たヒロシマ」（２０１１年）で製作プロデューサーを務めた。

湯浅　正恵

１９６２年、広島市出身。放送局で４年間勤務後、英国シェフィールド大学国際学研究科へ留学。現在、広島市立大学国際学部教授（社会学、国際社会論）。

資料編

1　2021年6月29日公布された広島市平和推進基本条例（2021年条例50号）

昭和20年8月6日、人類史上最初の原子爆弾が広島に投下され、広島の街は一瞬にして焦土と化し、壊滅、焼失した。当時、広島には約35万人の人々がいたと考えられているが、同年末までに約14万人が死亡したと推計され、生き残った人々も、急性障害だけでなく、様々な形の後障害に苦しめられている。

さらに、被爆者に対する結婚・就職等での差別により、後に、原子爆弾被爆者に対する援護に関する法律の適用を受けることが困難になるなどの被害もある。また、放射性物質を含んだ黒い雨による被害の議論は、いまだに続いている。

廃墟の街となった広島は、「75年間は草木も生えぬ」と言われたが、堪え難い悲しみと苦しみを乗り越えて復興に立ち上がり、広島平和記念都市建設法の制定を実現させ、市民の英知とたゆまぬ努力、国内外からの温かい援助などにより、めざましい復興・発展を遂げていった。

本市は、被爆者の「こんな思いを他の誰にもさせてはならない」との思いから、核兵器の廃絶と世界恒久平和の実現を願うヒロシマの心の共有を訴えてきた。さらに、国内外の多くの人々に、原子爆弾による被爆の実相に触れてもらうため、広島平和記念資料館や原爆ドームへの来訪を推進するとともに、放射線被ばく医療に対しても国際貢献をしてきた。また、被爆者の壮絶な体験と平和への思いを後世に伝えるため、被爆体験の継承及び伝承を行ってきた。

しかしながら、被爆から75年が過ぎ、被爆者の高齢化が一段と進み、被爆体験を直接聞き知る機会が失われつつある。また、市民による平和の推進に関する活動の担い手が高齢化し、核兵器の廃絶と世界恒久平和の実現を訴えることが難しくなってきている。今では、昭和20年8月6日に何が起こったか、知らない子どもたちもいる。

今日、核兵器の廃絶に向けては、核兵器禁止条約の発効など、世界的にその機運は高まっているものの、実現までにはいまだ多くの課題がある。

私たち広島市民は、こうした現実を踏まえ、昭和20年8月6日の惨状と復興への道のりを伝え残し、世界に対して、行政を始め各界各層の多くの人々と共に「絶対悪」である核兵器を廃絶するために積極的に声を上げ、行動し、核兵器の廃絶と世界恒久平和の実現に努めることを決意し、この条例を制定する。

（目的）

第1条　この条例は、平和の推進に関し、本市の責務並びに市議会及び市民の役割を明らかにするとともに、本市の施策の基本となる事項を定めることにより、平和の推進に関する施策を総合的かつ継続的に推進し、もってヒロシマの心である核兵器の廃絶と世界恒久平和の実現に寄与することを目的とする。

（定義）

第2条　この条例において「平和」とは、世界中の核兵器が廃絶され、かつ、戦争その他の武力紛争がない状態をいう。

（本市の責務）

第3条　本市は、平和の推進に関する施策を策定し、及び実施する責務を有する。

（市議会の役割）

第4条　市議会は、本市の平和の推進に関する施策に関し、その機能を最大限に発揮するとともに、長崎市議会等と連携し、平和の推進に関する活動を行うものとする。

（市民の役割）

第5条　市民は、平和の推進に関する活動を行うよう努めるものとする。

（平和記念日）

第6条　本市は、人類史上最初の原子爆弾が投下された昭和20年8月6日を世界平和樹立への礎として永久に忘れてはならない日とし、原子爆弾による死没者を追悼するとともに世界恒久平和の実現を祈念するため、毎年8月6日を平和記念日とする。

2　本市は、平和記念日に、広島市原爆死没者慰霊式並びに平和祈念式を、市民等の理解と協力の下に、厳粛の中で行うものとする。

（平和の推進に関する施策）

第7条　本市は、平和の推進に関し、次に掲げる施策を策定し、及び実施するものとする。

(1) 核兵器の廃絶と世界恒久平和の実現を目指し、国内外の都市等との連携を図るための施策

(2) 市民等が、原子爆弾による被爆の実相への理解を深めるとともに、平和について考え、平和の推進に関する活動を主体的に行うよう、平和意識の醸成を図るための施策

(3) 原子爆弾被爆者の体験及び平和への思い（以下この号において「被爆体験」という。）を世界に広め、かつ、これらを次世代に確実に伝え続けるよう、被爆体験の継承及び伝承を図るための施策

(4) 前3号に掲げるもののほか、平和の推進を図るために必要な施策

（年次報告）

第8条　市長は、毎年、平和の推進に関する施策の実施状況を市議会に報告するとともに、これを公表するものとする。

（財政上の措置）

第9条　本市は、平和の推進に関する施策を総合的かつ継続的に推進するため、必要な財政上の措置を講ずるものとする。

（委任規定）
第10条　この条例の施行に関し必要な事項は、市長が定める。

附則

1　この条例は、公布の日から施行する。

2　広島市役所事務休停日条例（昭和22年7月31日広島市条例第14号）は、廃止する。

2　条例案の変遷

(1)「広島市平和の推進に関する条例（仮称）素案」以降の修正箇所

２０２１年１月15日から行われた市民意見募集にあたり公表された「条例案（素案）」以降に修正された部分を、成立した条例に書き込んでいる。

①は市民意見を受けて「広島市議会政策立案検討会議」が修正した。

②は追加、③は削除、④は追加、⑤は修正。②～⑤は6月21日の「広島市議会各派幹事長会議」が行った。

広島市平和推進基本条例　※修正箇所明示

昭和20年8月6日、人類史上最初の原子爆弾が広島に投下され、広島の街は一瞬にして焦土と化し、壊滅、焼失した。当時、広島には約35万人の人々がいたと考えられているが、同年末までに約14万人が死亡したと推計され、生き残った人々も、急性障害だけでなく、様々な形の後障害に苦しめられている。

さらに、被爆者に対する結婚・就職等での差別により、後に、原子爆弾被爆者に対する援護に関する法律の適用を受けることが困難になるなどの被害もある。また、放射性物質を含んだ黒い雨による被害の議論は、いまだに続いている。

廃墟の街となった広島は、「75年間は草木も生えぬ」と言われたが、堪え難い悲しみと苦しみを乗り越えて復興に立ち上がり、広島平和記念都市建設法の制定を実現させ、市民の英知とたゆまぬ努力、国内外からの温かい援助などにより、めざましい復興・発展を遂げていった。

本市は、被爆者の「こんな思いを他の誰にもさせてはならない」との思いから、核兵器の廃絶と世界恒久平和の実現を願うヒロシマの心の共有を訴えてきた。さらに、国内外の多くの人々に、原子爆弾による被爆の実相に触れてもらうため、広島平和記念資料館や原爆ドームへの来訪を推進するとともに、放射線被ばく医療に対しても国際貢献をしてきた。

また、被爆者の壮絶な体験と平和への思いを後世に伝えるため、被爆体験の継承及び伝承を行ってきた。

しかしながら、被爆から75年が過ぎ（被爆75年を迎え）①、被爆者の高齢化が一段と進み、被爆体験を直接聞き知る機会が失われつつある。また、市民による平和の推進に関する活動の担い手が高齢化し、核兵器の廃絶と世界恒久平和の実現を訴えることが難しくなってきている。今では、昭和20年8月6日に何が起こったか、知らない子どももいる。

今日、核兵器の廃絶に向けては、核兵器禁止条約の発効など②、世界的にその機運は高まっているものの、実現までにはいまだ多くの課題がある。

私たち広島市民は、こうした現実を踏まえ、昭和20年8月6日の惨状と復興への道のりを伝え残し、世界に対して、行政を始め各界各層の多くの人々と共に「絶対悪」である核兵器を廃絶するために積極的に声を上げ、行動し、核兵器の廃絶と世界恒久平和の実現に努めることを決意し、この条例を制定する。

（目的）

第1条　この条例は、平和の推進に関し、本市の責務並びに市議会及び市民の役割を明らかにするとともに、本市の施策の基本となる事項を定めることにより、平和の推進に関する施策を総合的かつ継続的に推進し、もってヒロシマの心である核兵器の廃絶と世界恒久平和の実現に寄与することを目的とする。

（定義）

第2条　この条例において「平和」とは、世界中の核兵器が廃絶され、かつ、戦争その他の武力紛争がない状態をいう。

（本市の責務）

第3条　本市は、平和の推進に関する施策を策定し、及び実施する責務を有する。

（市議会の役割）

第4条　市議会は、本市の平和の推進に関する施策に関し、その機能を最大限に発揮するとともに、長崎市議会等と連携し、平和の推進に関する活動を行うものとする。

（市民の役割）

第5条　市民は、~~本市の平和の推進に関する施策に協力するとともに~~、平和の推進に関する活動を~~主体的に~~行うよう努めるものとする。③

（平和記念日）

第6条　本市は、人類史上最初の原子爆弾が投下された昭和20年8月6日を世界平和樹立への礎として永久に忘れてはならない日とし、原子爆弾による死没者を追悼するとともに世界恒久平和の実現を祈念するため、毎年8月6日を平和記念日とする。

2 本市は、平和記念日に、広島市原爆死没者慰霊式並びに平和祈念式を、市民等④の理解と協力の下に、厳粛の中で行うものとする。

(平和の推進に関する施策)

第7条 本市は、平和の推進に関し、次に掲げる施策を策定し、及び実施するものとする。

(1) 核兵器の廃絶と世界恒久平和の実現を目指し、国内外の都市等との連携を図るための施策

(2) 市民等が、原子爆弾による被爆の実相への理解を深めるとともに、平和について考え、平和の推進に関する活動を主体的に行うよう、平和意識の醸成を図るための施策

(3) 原子爆弾被爆者の体験及び平和への思い(以下この号において「被爆体験」という。)を世界に広め、かつ、これらを次世代に確実に伝え続けるよう、被爆体験の継承及び伝承を図るための施策

(4) 前3号に掲げるもののほか、平和の推進を図るために必要な施策

(年次報告)

第8条 市長は、毎年、平和の推進に関する施策の実施状況を市議会に報告するとともに、これを公表するものとする。

(財政上の措置)

第9条 本市は、平和の推進に関する施策を総合的かつ継続的に推進するため、必要な財政上の措置を講ずるものとする。

(委任規定)

第10条 この条例の施行に関し必要な事項は、市長が定める。

附則

1 この条例は、公布の日(令和 年 月 日)から

施行する。⑤

2　広島市役所事務休停日条例（昭和22年7月31日広島市条例第14号）は、廃止する。

(2)　条例「前文」の変遷

「1次案」「2次案」などは便宜的につけたネーミングである。

・前文1次案　※第9回政策立案検討会議（2020年7月20日）に提出された。

１９４５年（昭和20年）8月6日、人類史上初の原子爆弾が広島に投下され、広島の街は一瞬にして焦土と化し、壊滅・焼失した。当時、広島には約35万人いたと考えられているが、同年12月末までに約14万人が原爆死した。生き残った人々は、被爆者ということで当時、結婚・就職等において差別や、被爆事実を他人に口外できないという苦しみを受け、またその後も様々な形の後障害に苦しめられ、今なお続いている。

75年は草木も生えないだろうと言われ、廃墟の街となった広島は、広島平和記念都市建設法の下、広島市民はもちろんのこと、多くの手助けにより、苦難を乗り越え、奇跡的な復興を遂げた。

本市は、被爆者の「こんな思いを他の誰にもさせてはならない。」との思いから、核兵器廃絶と世界恒久平和の実現を願う「ヒロシマの心」の共有を訴えてきた。さらに、世界の多くの人に、原爆の惨禍を知ってもらうため、迎える平和として、平和記念資料館や原爆ドームへの来広を推進するとともに、放射線被ばく医療に対しても国際貢献をしてきた。

また、被爆者の壮絶な体験を後世に伝えるため、被爆体験の継承・伝承を行ってきた。

しかしながら、被爆75年を迎え、被爆者の高齢化が一段と進み、生の原体験を聞き知る機会が失われつつある。また、市民の平和活動の担い手が高齢化し、核兵器廃絶及び世界恒久平和の実現を訴えることが難しくなってきている。今では、8月6日に何が起こったか、知らない子どもたちも増えている。

また、核兵器廃絶に向けては、世界的にその機運は高まっているものの、実現するには道半ばである。

私たち広島市民は、こうした現実を踏まえ、8月6日の惨状と復興への道のりを伝え残し、世界に対して、行政や市民を始め各界各層の多くの人々が、積極的に「絶対悪」である核兵器を廃絶するために声を上げ、連携・結集・行動し、核兵器廃絶と世界恒久平和の実現に努めることを決意し、この条例を制定する。

・前文2次案 ※第10回政策立案検討会議(2020年8月26日)に提出された。

昭和20年8月6日、人類史上初の原子爆弾が広島に投下され、広島の街は一瞬にして焦土と化し、壊滅・焼失した。当時、広島には約35万人いたと考えられているが、同年12月末までに約14万人が原爆死した。生き残った人々も、急性障害だけでなく、様々な形の後障害に苦しめられ、今なお続いている。

さらに、被爆者に対する結婚・就職等での差別があり、被爆事実を明らかにできないことによる被害も続いている。

廃墟の街となった広島は、「75年は草木も生えぬ」と言われたが、その耐え難い悲しいと苦しみを乗り越えて復興に立ち上がり、広島平和記念都市建設法を実現させ、市民の英知とたゆまぬ努力、国内外からの温かい援助などにより、奇跡的な復興を遂げた。

本市は、被爆者の「こんな思いを他の誰にもさせてはならない」との思いから、核兵器廃絶と世界恒久平和の実現を願うヒロシマの心の共有を訴えてきた。さらに、国内外の多くの人々に、原子爆弾による被爆の実相に触れてもらうため、平和記念資料館や原爆ドームへの来訪を推進するとともに、放射線被ばく医療に対しても国際貢献をしてきた。

また、被爆者の壮絶な体験を後世に伝えるため、被爆体験の継承又は伝承を行ってきた。

しかしながら、被爆75年を迎え、被爆者の高齢化が一段と進み、生の原体験を聞き知る機会が失われつつある。また、市民による平和の推進に関する活動の担い手が高齢化し、核兵器廃絶及び世界恒久平和の実現を訴えることが難しくなってきている。今では、8月6日に何が起こったか、知らない子どもたちも増えている。

今日、核兵器廃絶に向けては、世界的にその機運は高まっているが、実現までにはいまだ多くの課題がある。

こうした現実を踏まえ、ヒロシマの心である核兵器廃絶及び世界恒久平和を実現するためには、原子爆弾による被爆の実相を絶やすことなく伝え続けることと、国内外の多くの人々が、「絶対悪」である核兵器を廃絶し平和な世界を実現するため積極的に行動するよう働き掛けることが必要であるとの認識の下、この条例を制定する。

・前文3次案　※第11回政策立案検討会議（2020年10月20日）に提出された。

昭和20年8月6日、人類史上初の原子爆弾が広島に投下され、広島の街は一瞬にして焦土と化し、壊滅、焼失した。当時、広島には約35万人いたと考えられているが、同年12月末までに約14万人が原爆死し、生き残った人々も、急性障害だけでなく、様々な形の後障害に苦しめられている。

さらに、被爆者に対する結婚・就職等での差別により、後に、原子爆弾被爆者に対する援護に関する法律の適用を受けることが困難になるなどの被害もある。また、放射性物質を含んだ黒い雨による被害の議論は、いまだに続いている。

廃墟の街となった広島は、「75年は草木も生えぬ」と言われたが、その堪え難い悲しいと苦しみを乗り越えて復興に立ち上がり、広島平和記念都市建設法の制定を実現させ、市民の英知とたゆまぬ努力、国内外からの温かい援助などにより、奇跡的な復興・

発展を遂げていった。

本市は、被爆者の「こんな思いを他の誰にもさせてはならない」との思いから、核兵器廃絶と世界恒久平和の実現を願うヒロシマの心の共有を訴えてきた。さらに、国内外の多くの人々に、原子爆弾による被爆の実相に触れてもらうため、広島平和記念資料館や原爆ドームへの来訪を推進するとともに、放射線被ばく医療に対しても国際貢献をしてきた。

また、被爆者の壮絶な体験を後世に伝えるため、被爆体験の継承及び伝承を行ってきた。

しかしながら、被爆75年を迎え、被爆者の高齢化が一段と進み、生の原体験を聞き知る機会が失われつつある。また、市民による平和の推進に関する活動の担い手が高齢化し、核兵器の廃絶と世界恒久平和の実現を訴えることが難しくなってきている。今では、8月6日に何が起こったか、知らない子どももたちもいる。

今日、核兵器廃絶に向けては、世界的にその機運は高まっているものの、実現までにはいまだ多くの課題がある。

私たち広島市民は、こうした現実を踏まえ、昭和20年8月6日の惨状と復興への道のりを伝え残し、世界に対して、行政を始め各界各層の多くの人々と共に「絶対悪」である核兵器を廃絶するために積極的に声を上げ、行動し、核兵器の廃絶及び世界恒久平和の実現に努めることを決意し、この条例を制定する。

・前文4次案

※第3次案をさらに修正したもので、第14回政策立案検討会議（2020年12月21日）に提出された。これがそのまま「広島市平和の推進に関する条例（仮称）素案」の前文となった。

昭和20年8月6日、人類史上最初の原子爆弾が広島に投下され、広島の街は一瞬にして焦土と化し、壊滅、焼失した。当時、広島には約35万人の人々がいたと考えられているが、同年末までに約14万人が死亡したと推計され、生き残った人々も、急性障害だけでなく、様々な形の後障害に苦しめられている。

さらに、被爆者に対する結婚・就職等での差別により、後に、原子爆弾被爆者に対する援護に関する法律の適用を受けることが困難になるなどの被害もある。また、放射性物質を含んだ黒い雨による被害の議論は、いまだに続いている。

廃墟の街となった広島は、「75年は草木も生えぬ」と言われたが、その耐え難い悲しいと苦しみを乗り越えて復興に立ち上がり、広島平和記念都市建設法の制定を実現させ、市民の英知とたゆまぬ努力、国内外からの温かい援助などにより、めざましい復興・発展を遂げていった。

本市は、被爆者の「こんな思いを他の誰にもさせてはならない」との思いから、核兵器廃絶と世界恒久平和の実現を願うヒロシマの心の共有を訴えてきた。さらに、国内外の多くの人々に、原子爆弾による被爆の実相に触れてもらうため、広島平和記念資料館や原爆ドームへの来訪を推進するとともに、放射線被ばく医療に対しても国際貢献をしてきた。

また、被爆者の壮絶な体験と平和への思いを後世に伝えるため、被爆体験の継承及び伝承を行ってきた。

しかしながら、被爆75年を迎え、被爆者の高齢化が一段と進み、被爆体験を聞き知る機会が失われつつある。また、市民による平和の推進に関する活動の担い手が高齢化し、核兵器の廃絶と世界恒久平和の実現を訴えることが難しくなってきている。今では、昭和20年8月6日に何が起こったか、知らない子どももたちもいる。

今日、核兵器廃絶に向けては、世界的にその機運は高まっているものの、実現までにはいまだ多くの課題がある。

私たち広島市民は、こうした現実を踏まえ、昭和20年8月6日の惨状と復興への道のりを伝え残し、世界に対して、行政を始め各界各層の多くの人々と共に「絶対悪」である核兵器を廃絶するために積極的に声を上げ、行動し、核兵器の廃絶と世界恒久平和の実現に努めることを決意し、この条例を制定する。

(3) 広島市平和の推進に関する条例(仮称)素案 ※

市民意見募集時点のもの

昭和20年8月6日、人類史上最初の原子爆弾が広島に投下され、広島の街は一瞬にして焦土と化し、壊滅、焼失した。当時、広島には約35万人の人々がいたと考えられているが、同年末までに約14万人が死亡したと推計され、生き残った人々も、急性障害だけでなく、様々な形の後障害に苦しめられている。

さらに、被爆者に対する結婚・就職等での差別により、後に、原子爆弾被爆者に対する援護に関する法律の適用を受けることが困難になるなどの被害もある。また、放射性物質を含んだ黒い雨による被害の議論は、いまだに続いている。

廃墟の街となった広島は、「75年間は草木も生えぬ」と言われたが、堪え難い悲しみと苦しみを乗り越えて復興に立ち上がり、広島平和記念都市建設法の制定を実現させ、市民の英知とたゆまぬ努力、国内外からの温かい援助などにより、めざましい復興・発展を遂げていった。

本市は、被爆者の「こんな思いを他の誰にもさせてはならない」との思いから、核兵器の廃絶と世界恒久平和の実現を願うヒロシマの心の共有を訴えてきた。さらに、国内外の多くの人々に、原子爆弾による被爆の実相に触れてもらうため、広島平和記念資料館や原爆ドームへの来訪を推進するとともに、放射線被ばく医療に対しても国際貢献をしてきた。

また、被爆者の壮絶な体験と平和への思いを後世に伝えるため、被爆体験の継承及び伝承を行ってきた。

しかしながら、被爆75年を迎え、被爆者の高齢化が一段と進み、被爆体験を直接聞き知る機会が失われつつある。また、市民による平和の推進に関する活動の担い手が高齢化し、核兵器の廃絶と世界恒久平和の実現を訴えることが難しくなってきている。今では、昭和20年8月6日に何が起こったか、知らない子どもたちもいる。

今日、核兵器の廃絶に向けては、世界的にその機運は高まっているものの、実現までにはいまだ多くの課題がある。

私たち広島市民は、こうした現実を踏まえ、昭和20年8月6日の惨状と復興への道のりを伝え残し、世界に対して、行政を始め各界各層の多くの人々と共に「絶対悪」である核兵器を廃絶するために積極的に声を上げ、行動し、核兵器の廃絶と世界恒久平和の実現に努めることを決意し、この条例を制定する。

（目的）

第1条　この条例は、平和の推進に関し、本市の責務並びに市議会及び市民の役割を明らかにするとともに、本市の施策の基本となる事項を定めることにより、平和の推進に関する施策を総合的かつ継続的に推進し、もってヒロシマの心である核兵器の廃絶と世界恒久平和の実現に寄与することを目的とする。

（定義）

第2条　この条例において「平和」とは、世界中の核兵器が廃絶され、かつ、戦争その他の武力紛争がない状態をいう。

（本市の責務）

第3条　本市は、平和の推進に関する施策を策定し、及び実施する責務を有する。

（市議会の役割）

第4条　市議会は、本市の平和の推進に関する施策に関し、その機能を最大限に発揮するとともに、長崎市議会等と連携し、平和の推進に関する活動を行うものとする。

（市民の役割）

第5条　市民は、本市の平和の推進に関する施策に協力するとともに、平和の推進に関する活動を主体的に行うよう努めるものとする。

（平和記念日）

第6条　本市は、人類史上最初の原子爆弾が投下された昭和20年8月6日を世界平和樹立への礎として永久に忘れてはならない日とし、原子爆弾による死没者を追悼するとともに世界恒久平和の実現を祈念するため、毎年8月6日を平和記念日とする。

2　本市は、平和記念日に、広島市原爆死没者慰霊式並びに平和祈念式を、市民の理解と協力の下に、厳粛の中で行うものとする。

（平和の推進に関する施策）

第7条　本市は、平和の推進に関し、次に掲げる施策を策定し、及び実施するものとする。

(1)　核兵器の廃絶と世界恒久平和の実現を目指し、国内外の都市等との連携を図るための施策

(2)　市民等が、原子爆弾による被爆の実相への理解を深めるとともに、平和について考え、平和の推進に関する活動を主体的に行うよう、平和意識の醸成を図るための施策

(3)　原子爆弾被爆者の体験及び平和への思い（以下この号において「被爆体験」という。）を世界に広め、かつ、これらを次世代に確実に伝え続けるよう、被爆体験の継承及び伝承を図るための施策

(4)　前3号に掲げるもののほか、平和の推進を図るために必要な施策

（年次報告）
第8条　市長は、毎年、平和の推進に関する施策の実施状況を市議会に報告するとともに、これを公表するものとする。
（財政上の措置）
第9条　本市は、平和の推進に関する施策を総合的かつ継続的に推進するため、必要な財政上の措置を講ずるものとする。
（委任規定）
第10条　この条例の施行に関し必要な事項は、市長が定める。

附則
1　この条例は、令和　年　月　日から施行する。
2　広島市役所事務休停日条例（昭和22年7月31日広島市条例第14号）は、廃止する。

3　広島市議会本会議における「提案趣旨説明」「反対討論」（2021年6月25日）

1　宮崎誠克議員の提案趣旨の説明

提出者を代表いたしまして、議員提出第5号議案、広島市平和推進基本条例の制定について、提案の趣旨を御説明させていただきます。

この広島市平和推進基本条例は、令和元年7月から本年6月にかけて本市議会に設置しました政策立案検討会議がまとめた素案を基に、市民の皆様からいただいた多くの御意見を踏まえ、提出会派等で再検討し、議案として提出したものでございます。

それでは、少し長くなりますが、説明させていただきます。まず、条例の内容でございますが、前文から順に御説明いたします。

最初に、昭和20年8月6日の原子爆弾の投下による様々な被害等と今日までの復興の歩みを述べ、次に、本市が取り組んできた施策と現状の問題や課題、最後に、平和の推進に関する取組を取り巻く現状や様々な課題を踏まえ、行政をはじめ各界各層の多くの人々と共に、核兵器の廃絶と世界恒久平和の実現に向けて積極的に行動していくという私たち市民の決意を述べております。

　次に、第1条では、この条例の目的を規定しております。平和の推進に関し、本市の責務並びに市議会及び市民の役割を明らかにするとともに、本市の施策の基本となる事項を定めることにより、平和の推進に関する施策を総合的かつ継続的に推進し、もってヒロシマの心である核兵器廃絶と世界恒久平和の実現に寄与することが目的であることを定めるものであります。

　第2条では、この条例の中で用いられる用語の定義について規定しております。この条例において「平和」とは、世界中の核兵器が廃絶され、かつ、戦争その他の武力紛争がない状態をいうとしております。

　第3条では、本市の責務として、平和の推進に関する施策を策定し、及び実施する責務を有するとしております。

　第4条では、市議会の役割として、市議会は、本市の平和の推進に関する施策に関し、その機能を最大限に発揮するとともに、長崎市議会等と連携し、平和の推進に関する活動を行うものとするとしております。

　第5条では、市民の役割として、平和の推進に関する活動を行うよう努めるものとするとしております。

　第6条では、平和記念日に関して規定しています。この平和記念日に関する規定については、昭和22年に制定された広島市役所事務休停日条例において、毎年8月6日は、本市の平和記念日として市役所事務を休停すると定めており、本市では、昭和22年から毎年8月6日を平和記念日としているところですが、このたび、本市の平和の推進に関する施策の基本となる事項を総合的に定める本条例の制定に当たって、この平和記念日について、この条例の中に取り込むこととし、平和記念日の趣旨を明示した上で、この規定を設けるものであります。

内容としては、本市は、人類史上最初の原子爆弾が投下された昭和20年8月6日を、世界平和樹立への礎として、永久に忘れてはならない日とし、原子爆弾による死没者を追悼するとともに、世界恒久平和の実現を祈念するため、毎年8月6日を平和記念日とするとしております。第2項では、市に対し、平和記念日に行っている広島市原爆死没者慰霊式並びに平和祈念式について、本市は、平和記念日に、広島市原爆死没者慰霊式並びに平和祈念式を、市民等の理解と協力の下に、厳粛の中で行うものとするとしております。

第7条では、市に対し、平和の推進に関する施策の策定及び実施の義務を課しております。施策としては、第1号で、核兵器の廃絶と世界恒久平和の実現を目指し、国内外の都市等との連携を図るための施策、第2号では、市民等が、原子爆弾による被爆の実相への理解を深めるとともに、平和について考え、平和の推進に関する活動を主体的に行うよう、平和意識の醸成を図るための施策、第3号で、原子爆弾被爆者の体験及び平和への思いを世界に広め、かつ、これらを次世代に確実に伝え続けるよう、被爆体験の継承及び伝承を図るための施策、第4号で、前3号に掲げるもののほか、平和の推進を図るために必要な施策と規定しております。

第8条では、執行機関を統括し、調整する役割を担う市長に対し、毎年、平和の推進に関する施策の実施状況を市議会に報告するとともに、公表する義務を課しております。

第9条では、市に対し、平和の推進に関する施策を総合的かつ継続的に推進するため、必要な財政上の措置を講ずることの義務を課しております。

第10条では、この条例で定める事項を実施するための細目的な事項に関して定める必要がある場合に、それを市長に委ねることを定めております。

附則では、この条例の施行日を公布の日としております。また、第6条のところで御説明しましたように、広島市役所事務休停日条例については、この条例の制定によりその意義を失いますので、廃止することとしております。

条例の内容については以上のとおりです。

次に、提案理由についてです。条例の前文にもありますように、被爆から75年が過ぎ、被爆者の高齢化が一段と進み、被爆体験を直接聞き知る機会が失われつつあるという現状があり、これから年月がさらに経過するにつれて、市民の中の被爆体験の風化と平和意識の低下・希薄化が危惧されております。

本市では、これまで被爆都市として核兵器の廃絶と世界恒久平和の実現を目指し、平和の推進に関する様々な施策を進めていくために、他都市に例のない規模の予算を毎年計上してきましたが、これらの施策の実施に係る法的な根拠として明文化されたものはありません。こうした状況から、今後平和の推進に関する施策やそのための予算が大幅に縮小、あるいは廃止される可能性もあると考えます。今後いかなる状況になろうとも、被爆都市である本市は、核兵器の廃絶と世界恒久平和の実現を目指し、平和の推進に関する様々な施策を引き続き進めていくことが重要であると考えております。こうしたことから、この条例では、提案理由にありますように、平和の推進に関する施策を総合的かつ継続的に推進し、もってヒロシマの心である核兵器の廃絶と世界恒久平和の実現に寄与するため、平和の推進に関し、本市の責務並びに市議会及び市民の役割を明らかにするとともに、本市の施策の基本となる事項を定めるものであります。

なお、この条例案に対しては、市民の皆様から、第2条の平和の定義と第6条第2項の平和記念式典の実施について多くの御意見をいただいておりますので、この点について説明させていただきます。

まず、第2条の平和の定義が狭過ぎるのではないかという御意見がありますが、平和については、人それぞれに様々な考え方がある中で、本市が世界最初の被爆都市として、核兵器の廃絶と世界恒久平和の実現を目指すに当たって、今後いかなる状況になろうとも、必ず実施していく必要がある施策等の対象という観点から絞り込み、その定義を明確にするものであり、その上で、この条例における平和の定義を、世界中の核兵器が廃絶され、かつ戦争その他の武力紛争がない状態をいうとしております。

次に、第6条第2項の平和記念式典の実施に当たり、市に対して、市民等の理解と協力の下に、厳粛の中で行うことを義務づけていることに対し、市民の表現の自由が制約されるおそれがあるのではないかという御意見についてです。

この条文は、平和記念日に行う重要な行事である平和記念式典の本来の在り方を示した上で、その実施を本市自らに義務づけるものです。平和記念式典の在り方については、令和元年6月定例会において、広島市原爆死没者慰霊式並びに平和祈念式が厳粛の中で挙行されるよう協力を求める決議を全会一致で可決しておりますが、この決議で示したとおり、平和記念式典は、原子爆弾による死没者を追悼するとともに、世界恒久平和の実現を祈念するための式典であり、そこに参列されている被爆者や死没者の遺族をはじめ多くの市民の心情に配慮し、厳粛の中で行われることが、その本来の在り方であると考えるため、条文に「厳粛の中で行う」という表現を盛り込むこととしたものです。一方で、平和記念日に平和記念式典の会場周辺において、国の平和に関する施策等に対して意見等を表明することに意義があると考え、平和活動をされている方々もおられます。本市が平和記念式典を厳粛の中で行うに当たっては、その方々の表現の自由も尊重する必要がありますので、規制といった強制的な手段によるものでなく、話合いによる調整によりその方々に協調の必要性を御理解いただき、自らの意思で自主的に御協力をいただいた上で、厳粛の中で行う状況をつくり上げていくことが重要であると考えます。こうしたことから、条文に「市民等の理解と協力の下に」という表現を盛り込むこととしたものです。そして、この条文に基づいて平和記念式典を実施する市長においては、この条文の趣旨を踏まえ、適切な運用をしていただけるものと考えております。

説明は以上のとおりです。

この条例の制定案に対しまして皆様の御賛同をよろしくお願い申し上げ、趣旨説明を終わらせていただきます。

2 馬庭恭子議員の反対討論

議員提出第5号議案、広島市平和推進基本条例に対しての反対討論を行います。

政策立案検討会議作成の素案が議長に答申され、文言が一部修正されここに上程されました。平和推進・安心社会づくり対策特別委員会からの提言で政策立案検討会議が立ち上がって、ワーキンググループとして素案策定に携わった委員の方は、それぞれ職責を果たされたと思います。

さて、前文に、素案に入れられなかった「核兵器禁止条約の発効」の文言が入れられたとはいえ、私はいまだ納得がいかないことが多々ありますので、意見を述べます。

まず初めに、会議の委員構成です。会派から1名ということでした。会派別の総人数に沿った案分で委員を選出すべきだったと思います。また、メンバーは、女性議員は1人のみではなく、会派から女性を積極的に選出するべきでした。

二つ目に、政策立案検討会議の全会派一致で意見をまとめるという手続に納得がいきません。多数決という民主主義の論理から外れています。

三つ目は、他都市の平和推進条例と比較したとき、憲法という言葉がなく基軸が見えません。

四つ目として、多くの市民が指摘していることですが、平和の定義が狭いことです。広島市基本構想・第6次広島市基本計画では、未来につなぐ国際平和文化都市ひろしまの使命として、世界中の核兵器が廃絶され、戦争がない状態の下、都市に住む人々が良好な環境で、尊厳が保たれながら人間らしい生活を送っている状態と平和を定義しています。私は、条例案の平和をこの平和に再定義し、拡大すべきだと思います。

五つ目としては、被爆体験の継承及び伝承の必要性はうたっていますが、市民が求めていた被爆者援護や平和学習には触れられておらず、長年取り組んできたあかしが書き込まれていません。

六つ目として、最も市民が関心を持ち、パブリックコメントにおいても意見が二分した、平和記念式典を市民等の理解と協力の下に厳粛の中で行うものとするということについて、これは行政法の有識者、弁護士会をはじめ被爆者団体も指摘していますが、表現の自由の規制根拠として機能し得ることになると私は大変危惧しています。平和を希求する条例が人々の表現の自由を脅かしてはなりません、削除すべきです。

最後になりますが、たくさんの市民意見が寄せられた中、もっと時間をかけて議論すべきと考えます。この6月議会にどうしても成立させなければならないという理由は見当たりません。以上です。

3　中原ひろみ議員の反対討論

党市議団を代表いたしまして、議員提出第5号議案、広島市平和推進基本条例について、反対の立場から討論をいたします。その理由を述べてまいります。

まず、本条例は、広島市議会が政策立案機能を発揮して取り組む初めての条例でした。この2年間、若林代表をはじめ政策立案検討会議の委員におかれましては、被爆者、専門家、市民の意見を聞きながら、素案の検討に尽力されたことにまずは敬意を表したいと思います。

さて、政策立案検討会議の中で、党市議団も条文案について様々な提案を行い、規定に反映されてきた部分もありますけれども、憲法との関係で配慮すべき最も重要な規定が修正されておりません。それは第6条第2項の規定です。弁護士会から繰り返し意見が出され、被爆者団体からも指摘されておりますように、第6条第2項の「広島市原爆死没者慰霊式並びに平和祈念式を、市民等の理解と協力の下に、厳粛の中で行うものとする」との文言は、憲法が定める表現の自由や思想・良心の自由を制約することにつながりかねません。

市民の中には、政治情勢をはじめ核兵器廃絶に関する対応についても多様な考えがあるのは当然であり、その表現方法も様々であります。しかし、この条例が制定されますと、広島市は、市民等の理解と協力の下に平和記念式典を厳粛の中で行うことができるよう、市民に対して働きかける義務を負うことになります。つまり、この規定は、平和記念式典が厳粛の中で行われることを妨げられると考えられるような市民の行動に対し、広島市がそれを規制しようとする根拠になるものであり、表現の自由を保障した憲法第21条に抵触しかねません。

また、広辞苑を見ますと、厳粛とは「おごそかで、心が引きしまるさま」と説明されております。平和記念式典が厳粛に行われるように、広島市が市民に働きかけることになりますと、市民の内心のありように行政が介入することになりかねません。これは憲法第19条、思想・良心の自由の侵害の疑いも生じます。

5月26日の政策立案検討会議では、広島市議会が2019年6月25日に平和記念式典は厳粛な環境の中で執り行われることが求められていると決議していることから、この決議の文言を条例の中に書き込むことは当然との意見が出たと聞いておりますけれども、議会の決議は意見書とは違って、法的な根拠はありません。議会の意思を対外的に表明するために行われる議会の事実上の意思形成行為であります。しかし、条例は法令の一種であり、法的拘束力を有する点で、決議とは異なります。決議の文言をそのまま条例で規定化しただけであっても、条例で定めてしまえば、法的な拘束力が生じます。広島市の執行機関に思想・良心の自由を定めた憲法第19条や表現の自由を保障した憲法第21条に抵触しかねないことを義務づけることになります。そのような条例を広島市議会が制定すべきではないと考えるものです。

全国町村議会議長会が編集されております議員必携という本がありますけれども、この議員必携では、憲法第94条において「法律の範囲内で条例を制定することができる」としており、憲法で定めた基本的人権に関する事柄を制限するような規定を設けた場合、多くの問題が生じると書かれてあります。議員必携が注意喚起していますように、市が制定した条例が基本的人権を制限するような事態にならないためにも、最低限、第6条第2項の「厳粛の中」という文言は削除すべきだと考えるものです。

今議会には、行政法学の専門家や平和学の研究者からも請願や陳情が提出され、次のような二つの問題点が指摘されております。

一つは、市議会が発案した広島市平和推進基本条例の平和の定義が、2001年9月28日に施行されております広島市男女共同参画推進条例や2020年6月議会で市議会が可決した広島市基本構想の平和の定義と異なり狭過ぎる、それぞれの条例に整合性がなくそごがあるとの意見であります。具体的に言えば、広島市基本構想では、平和とは、世界中の核兵器が廃絶され、戦争のない状態の下、都市に住む人々が良好な環境で、尊厳が保たれながら人間らしい生活を送る状態をいうとしております。広島市男女共同参画推進条例では、平和とは、紛争や戦争のない状態だけをいうのではない、全ての人が差別や抑圧から解放されて初めて平和といえるとしております。しかし、広島市平和推進基本条例では、平和は、世界中の核兵器が廃絶され、かつ戦争その他の武力紛争がない状態と定義しているのみです。広島市男女共同参画推進条例や広島市基本構想が定義しております貧困と格差、暴力のない状態や歴史の中で人類が勝ち取ってきたジェンダー平等という概念なども含め、平和の定義を条例に取り入れるべきではないでしょうか。

いま一つは、行政法学では、後法は前法に優先するという法原則があります。すなわち、後からできた法律が既にある法律より優先するというものであります。よって、広島市平和推進基本条例が可決されますと、既に施行されております広島市男女共同参画推進条例の平和の定義が、後から制定されます広島市平和推進基本条例の平和の定義へと変更されて後退することになるという指摘であります。このような行政法学や平和学の研究者の指摘を広島市は無視することなく、真摯に受け止めて条例の平和の定義について再検討することが求められます。

核兵器禁止条約が発効され、核兵器廃絶へと向かう歴史的な年に平和推進基本条例を制定しようとする、この広島市議会の取組は大変に意義深いものであり、国内はもちろん世界から注視されるものとなるでしょう。この条例は、核兵器禁止条約が発効された年に核兵器廃絶と世界恒久平和の実現に寄与することを目的に被爆地広島の市議会が制定する条例ですから、被爆者援護はもちろんのこと、平和教育をはじめ核兵器廃絶を目指す具体的な取組が前進し、世界の核兵器廃絶の流れを推し進めることに貢献する条例であることが望まれます。核兵器禁止条約が発効したという事実だけは条例の前文に書き加えられましたけれども、核兵器禁止条約発効の歴史的意義については何も触れられていません。核兵器禁止条約の発効を力にした具体的な施策も何も求めていません。これでは、今このときに広島市議会が条例を制定する意味は何なのかと市民から疑問が出ても不思議ではありません。

6月4日には被爆者団体が議長に対し、拙速な条例制定を急がず、慎重な議論をと要請されております。被爆者団体はもっと市民や専門家の意見を聞く場を設け、広島市平和推進基本条例の名前にふさわしく、核兵器廃絶に向けた具体的な行動や施策を進め、広島市が被爆地の責任をこれまで以上に果たしていく条例を求めておられます。この被爆者団体の意見を被爆地広島の市議会は重く受け止めるべきであります。

本6月定例会で条例制定を急がなくても、広島市の平和行政が滞ることはありません。核兵器廃絶への世界の動きを後押しし、被爆者援護をはじめとして広島市が核兵器廃絶の積極的な施策を進める条例になるよう、再度の検討が必要だと考えます。

以上の理由から、今議会での拙速な条例制定には賛成できません。以上で討論を終わります。

4 広島市条例にみる「平和」の定義

(1) 広島市男女共同参画推進条例（前文のみ）

（平成13年9月28日　条例55号）

原子爆弾によって壊滅的な被害を受けた広島は、日本国憲法の下、民主主義の成長とともに、奇跡的な復興を遂げる一方で、自らの悲惨な体験から、世界の平和を希求してきた。

平和とは紛争や戦争のない状態だけをいうのではない。すべての人が差別や抑圧から解放されて初めて平和といえる。男女においては、性別による差別がなく、対等のパートナーとして責任を分かち合い、個性や能力を十分に発揮できる社会を実現することが必要である。それは、本市が目指す国際平和文化都市に欠かせない要件の一つであり、これまで、各種の取組が行われてきた。

しかし、現実には、社会において、性別による固定的な役割分担等を反映した制度又は慣行が、いまだに根強く残っており、男女平等の達成には多くの課題がある。

　また、国際化、少子高齢化及び高度情報化が急速に進展する中で、豊かで生き生きとした地域を実現して未来に引き継いでいくためには、男女が互いの人権を尊重し合い、あらゆる分野で対等に協力し、政策又は方針の立案及び決定に参画することが重要である。

　このような男女共同参画社会の実現を図るため、この条例を制定する。

(2) 広島市議会基本条例

（前文のみ）（平成22年12月30日　条例33号）


　昭和20年8月6日、人類史上最初の原子爆弾によって壊滅的な打撃を受けた本市は、廃墟の中から、堪え難い悲しみと苦しみを乗り越えて復興に立ち上がった。昭和24年には、日本国憲法第95条の規定に基づく特別法として、全国で初めて行われた住民投票により市民の圧倒的多数の賛成をもって広島平和記念都市建設法が制定され、市民の英知とたゆまぬ努力、国内外からの温かい援助などにより、本市はめざましい復興・発展を遂げていった。

　本市議会は、そうした歴史の上に立ち、今日をつくり上げてきた先人の意思を継承し、恒久平和の象徴としての平和記念都市広島の建設に努めるとともに、核兵器の廃絶と世界恒久平和の実現を全世界に強く訴え続けてきた。また、本市議会は、社会や市民の要請に的確に対応した都市づくりを進めるため、議会の有する権限を適切に行使しながら、市民の代表として、その意思を的確に市政に反映させ、もって市民の負託にこたえることを目的として活動を行ってきたところである。

　平成12年4月のいわゆる地方分権一括法の施行後、地方分権改革が進められ、地方公共団体の役割や責任が拡大する中にあって、二元代表制の下で、地方議会が果たすべき役割や責務は増大している。

　そうした中で、本市議会が、今まで以上にその役割と責務を果たしていくためには、これまでの活動を更に推し進めるとともに、議会の機能強化や改革に取り組み、より一層、市民に信頼される議会を構築することが求められている。

このような認識の下、本市議会は、議会の基本理念及び基本方針を定め、議会及び議員の活動原則等を明らかにし、市民の負託に全力でこたえることを決意し、この条例を制定する。

(3) 広島市基本構想（抜粋）

「議会の議決すべき事件に関する条例」（平成16年条例39号）に基づき、2020（令和2）年6月25日広島市議会において議決

第1　趣旨（略）

第2　策定の背景

人類史上最初の被爆都市である広島市は、これまで、平和首長会議の加盟都市やその市民、NGO等と連携し、核兵器廃絶と世界恒久平和の実現を訴え続けてきた。しかしながら、世界には、依然として約1万4千発の核兵器や核弾頭が厳然として存在し、その近代化が進む一方で、平成29年（2017年）に国連で採択された核兵器禁止条約は未だ発効に至っていない。加えて、国際社会においては、自国第一主義が台頭し、排他的、対立的な動きが国家間の緊張関係を高めている。こうした状況下においては、これまで以上に市民社会において平和意識を醸成することにより、平和への大きな潮流をつくり、各国の為政者が世界恒久平和に大きく歩みを進められるよう後押しする環境づくりを進めていくことが求められている。（以下略）

第3　都市像

広島市は、人類史上最初の被爆都市を「恒久の平和を誠実に実現しようとする理想の象徴」である「平和記念都市」として建設することを目的とした広島平和記念都市建設法を基に、復興に尽力した。その後、一貫して都市づくりの最高目標となる都市像に「国際

平和文化都市」を掲げ、その具現化に取り組んでいるが、そこで目指す「平和」とは、世界中の核兵器が廃絶され、戦争がない状態の下、都市に住む人々が良好な環境で、尊厳が保たれながら人間らしい生活を送っている状態をいう。

今日、世界中の各都市においては、気候変動や貧困、差別、暴力など、市民生活の安全と安心を脅かす様々な課題に立ち向かっているが、核兵器を巡る国際情勢を見てみると、各都市が課題解決に向けて積み重ねてきた努力を一瞬にして無にしかねない状況にある。

こうした中、広島市が真に「平和」の実現を目指す「平和記念都市」となるためには、世界中の各都市が「平和」についての価値観を共有しながら、それを実現するための環境づくりに連携して取り組むことの重要性を国際社会に向けて発信し続ける必要がある。また、全ての市民が多様性を尊重するとともに、健やかで、その価値観やライフスタイルに応じて共に助け合いながら生き生きと暮らし、誰もが平和の尊さを実感できる豊かな文化と人間性を育む都市づくりを着実に進めていく必要がある。

広島市は、こうした都市づくりの方向性を踏まえ、引き続き、都市像に「国際平和文化都市」を掲げる。

第4　施策の構想

「国際平和文化都市」の具現化に当たり、三つの要素を基に、次のとおり施策の構想を定める。

【世界に輝く平和のまち】

1「平和への願い」を世界中に広げるまちづくり

（1）世界で最初に被爆し、廃墟から立ち直った都市として、世界の都市や多様な主体との連携を推進し、国際世論の醸成を図りながら、広島市がこれまで訴え続けてきた核兵器廃絶と世界恒久平和の実現に向けて取り組む。

（2）被爆から70年以上が経過し、被爆者の高齢化が更に進む中、各国為政者や世界中の人々の広島訪問を促すとともに、核兵器のない平和な世界を若い世代からも訴えていけるよう、被爆の実相を守り、広め、伝える取組を進め、被爆体験を基にした平和を希求する「ヒロシマの心」の共有の推進を図る。

（3）平和首長会議の加盟都市を始めとする世界の都市や市民社会、国連機関等と連携し、飢餓や貧困、差別、暴力、環境破壊など、市民生活の安寧を脅かす諸問題の解決に向けた活動を推進する。

（以下略）

5 広島市議会採択の「決議」「意見書」及び「請願」

(1)「広島市原爆死没者慰霊式並びに平和祈念式が厳粛の中で挙行されるよう協力を求める決議」

（2019年6月25日広島市議会議決）

広島市は、毎年8月6日に平和記念公園の原爆死没者慰霊碑（広島平和都市記念碑）前において、原爆死没者の遺族を始め、多くの人々の参列の下、広島市原爆死没者慰霊式並びに平和祈念式（以下「平和記念式典」という。）を挙行している。

この平和記念式典は、原爆死没者の霊を慰めるとともに、核兵器廃絶と世界恒久平和の実現を祈念するための式典であり、参列されている被爆者や原爆死没者の遺族を始め、多数の市民の心情に配慮し、厳粛な環境の中で執り行われることが求められている。

よって、本市議会は、世界中が注目する平和記念式典が厳粛な雰囲気の中で挙行されるよう、全ての人に対し、協力を求めるものである。

以上、決議する。

(2) 核兵器禁止条約の実効性を高めるための主導的役割を果たすことを求める意見書

（2020年10月27日広島市議会採択）

（衆議院議長、参議院議長、内閣総理大臣、外務大臣あて）

平成29年7月に国連で採択された「核兵器禁止条約」の批准国が、今月50か国に達し、来年1月22日に条約が発効する見込みとなりました。

このことは、「こんな思いを他の誰にもさせてはならない」という被爆者の思いが国際社会を大きく動かしたものであり、広島市民、さらには人類の悲願である核兵器の禁止・廃絶を具体化する大いなる一歩となるものであります。

一方、核兵器を保有する国や核の傘の下にある国々は核兵器禁止条約に反対している状況にあり、今後、核兵器禁止条約を包括的で実効性の高いものにしていくことが大きな課題となっております。

本市が会長都市となって国内の１、７３３都市を含む世界１６４か国・地域の７、９００を超える都市で構成する平和首長会議は、核兵器禁止条約の発効が確実となったことを受け、条約の効果的な運用と発展に向けた議論への参画及び締約国会合への参加を要請する書簡を核保有国及びその同盟国などへ送ったところであります。

唯一の被爆国である我が国は、核兵器廃絶の実現に向け特別の役割と責任を負っています。

よって、国会及び政府におかれては、核兵器禁止条約が発効することを見込んで、下記の事項を行動に移すことにより、核兵器保有国と非保有国の橋渡しを積極的に進めるなど、核兵器禁止条約の実効性を高めるために主導的役割を果たされるよう強く要請します。

1　核兵器禁止条約を早期に署名・批准すること。それまでは、オブザーバーとして締約国会合及び検討会議に参加すること。

2　その上で、核兵器保有国を含む核兵器禁止条約に署名・批准していない国に対し、署名・批准を要請すること。

3　締約国会合の開催に当たっては、「迎える平和」の取組を推進する被爆地広島で開催するよう国連に対して働き掛けること。

以上、地方自治法第99条の規定により意見書を提出いたします。

(3)(請願)平和推進基本条例に即した厳粛な平和記念式典の開催について

(2024年2月27日広島市議会採択)

請願者：静かな8月6日を願う広島市民の会

(要旨)

広島市議会においては、令和元年に「広島市原爆死没者慰霊式並びに平和祈念式が厳粛の中で挙行されるよう協力を求める決議案」が可決され、さらには令和3年6月には「広島市平和推進基本条例」が可決された。この条例の第6条第2項で「(平和記念式典を)市民等の理解と協力の下に、厳粛の中で行うものとする」と規定されている。

しかしながら、令和4年8月6日も例年と変わることなく、特定の団体が平和記念式典中、会場周辺で拡声機を用いてシュプレヒコールを上げながらデモ行進を行った。団体が発する騒音は式典会場内にも響き渡っていた。

広島市は毎年「平和記念式典に関するアンケート調査」等を行っているが、昨年の結果は、音量は過去最高に近い105デシベル、式典中拡声機からの音について、聞こえた人は90.6%、式典への悪影響があると答えた人が66.4%、全ての時間帯を通して厳粛な環境が必要であると答えた人が73.6%となった。

この結果を広島市はどう判断され、どういかされるのであろうか。この結果を顧みれば公共の福祉を害していることは明白であり、行政としてこれを看過し昨年と同様の対応しかしないことはあってはならない。

今年5月にG7広島サミットが行われ、広島の名は世界中にけん伝され、これから多くの訪問客が8月6日に訪れることが予測されている。

8月6日は広島市にとって決して忘れてはならない最も大切な日であり、原爆の犠牲になられた方々の御霊《みたま》安らかなれと静かに祈る日でなければならない。

世界に向けて平和を発信する国際平和文化都市

広島の重要性は増している。

ついては、広島市平和推進基本条例に明記されている厳粛な平和記念式典の開催を実現するため、広島市においては多くの市民が望みかつ公共の福祉を守る観点に立ち、8月6日は一定の時間一定の場所の静ひつを守る条例策定を検討する等、実効性のある対応に取り組んでいただくよう連署をもって請願する。

(4)（請願）平和推進基本条例に即した厳粛な平和記念式典の開催に伴う原爆ドーム前の現状の解消について（2024年2月27日広島市議会採択）

請願者：静かな8月6日を願う広島市民の会

（要旨）

広島市議会においては、令和元年に「広島市原爆死没者慰霊式並びに平和祈念式が厳粛の中で挙行されるよう協力を求める決議案」が可決され、さらに令和3年6月には「広島市平和推進基本条例」が可決された。この条例の第6条第2項で「（平和記念式典を）市民等の理解と協力の下に、厳粛の中で行うものとする」と規定されている。

しかしながら、令和4年8月6日も例年と変わることなく特定の団体が平和記念式典の開催前から原爆ドーム前の一部を占拠し、無許可の集会を開いた。その際、政治的主張が書かれた横断幕やのぼりを掲げ、拡声機を用いた演説も行っており、その声は平和記念公園内に響き渡っていた。また、特定の団体が占拠しているため、一般市民が自由に通行することもできなかった。

これら一連の行為は、無許可であることに加え、広島市公園条例第4条で制限されている「集会その他これらに類する催しのために公園の全部又は一部を独占して利用すること」及び第5条で禁止されている「公園の利用者に迷惑を及ぼすような行為をすること」に該当している。

原爆ドーム前は平和記念公園の玄関口である。平和を願い、世界から国内から広島市を訪れた多くの方はこの現実をどう見られたであろうか。

今年5月にはG7広島サミットが行われ、広島の名は世界中にけん伝され、これから多くの訪問客が8月6日に訪れることが予測されている。

8月6日は広島市にとって決して忘れてはならない最も大切な日であり、原爆の犠牲になられた方々の御霊《みたま》安らかなれと静かに祈る日でなければならない。

令和4年9月27日建設委員会において、広島市は「デモの参加者が集まっているだけで許可は必要ない」旨の見解を示したが、団体は団体の広報紙の中で自ら「規制をうち破り実力で集会とデモを闘い取った」と公言している。当日の状況は誰の目にも集会が行われていると判断すべき状況であった。

広島市平和推進基本条例に明記されている厳粛な平和記念式典の開催を実現するためにも、広島市は前記で述べた特定の団体が無許可の集会を行っている事実を認め、広島市公園条例に基づき無許可の集会を放置せず、原爆ドーム前の現状を解消するため、実効性のある対応に取り組んでいただくよう連署をもって請願する。

6 広島弁護士会長声明

(1) 「広島市平和の推進に関する条例（仮称）」に関する会長声明

2021年（令和3）年2月12日

広島弁護士会　会長　足立修一

第1　声明の趣旨

当会は、広島市に対し、「広島市平和の推進に関する条例（仮称）」のうち、市民の役割（第5条）に関する「本市の平和の推進に関する施策に協力するとともに、」との文言及び平和記念式典の実施（第6条第2項）に関する「市民の理解と協力の下に、厳粛の中で」との文言を改めるなどして、本条例案の制定によって、市民の表現の自由を制約しないよう求める。

第2　声明の理由

1　広島市議会は、現在、平和の推進に関する広島市の責務並びに市民及び市議会の役割を定めた「広島市平和の推進に関する条例（仮称）」の素案（以下、「本条例案」という。）を策定しており、2021年（令和3年）2月市議会での提案を目指している。

本条例案の策定に先立ち、広島市議会は、2019年（令和元年）6月25日に「広島市原爆死没者慰霊式並びに平和祈念式が厳粛の中で挙行されるよう協力を求める決議」をした。同決議を機に、広島市は、広島市原爆死没者慰霊式並びに平和祈念式（以下、「平和記念式典」という。）の挙行中にデモ行進で使用される拡声器の音量を問題視し、一部の市民団体に対し、「平和記念式典の挙行に適した環境」或いは「静ひつな環境」を確保するという名目のもと、拡声機の使用を控える、その音量を下げる又はデモ行進のルートを変更する措置を要請し、いずれかに応じない場合には条例による拡声器の音量規制も辞さない姿勢を示した。

このような広島市の姿勢については、市民団体のみならず、有識者や被爆者団体等からも、憲法第21条第1項で保障された表現の自由との抵触を懸念し、話し合いによる解決を図るよう求める声が多数上がり、当会も、2020年（令和2年）年1月31日、「平和記念式典中の静粛の確保について、条例による規制ではなく話し合いによる解決を図るよう求める会長声明」を発出した。結局、広島市は、拡声器の音量を規制する条例の制定を見送った。

このような経緯があるにもかかわらず、本条例案は、「市民の役割」として、「本市の平和の推進に関する施策に協力するとともに、」と定めて広島市が実施する平和の推進に関する施策に協力する義務を市民に課し（第5条）、広島市が平和記念式典を「市民の理解と協力の下に、厳粛の中で」実施する旨を定めている（第6条2項）。当会は、これらの文言を用いることについては賛同できない。

2 当会は、本条例案において、広島市が、核兵器廃絶及び世界恒久平和の実現のために、平和の推進に関する施策を策定・実施をする同市の責務を定めることについては、特に異論があるものではない。

しかしながら、いかに平和の推進に関するものであっても、広島市の施策について市民に協力する責任や義務を課すことは別である。このような施策のあり方については、市民の中には、わが国や諸外国の政治情勢や核兵器廃絶に関する対応等について、多様な思想信条を背景とした様々な意見や表現方法があり、特に、核兵器禁止条約へのわが国の政府や広島市の対応のありようについてもそうである。

3 これまでの拡声器の音量を規制する条例を制定しようとした経緯に鑑みれば、本条例案第5条は、罰則等を伴わない責務規定であるとしても、広島市が実施する平和の推進に関する施策について協力要請があった場合には、市民は、その意見等にかかわらず全面的にこれに応じなければならないかのようにも解し得、規制の根拠規定とされる懸念がある。

更に、広島市が、本条例案第6条2項の規定、あるいは同第5条及び平和の推進に関する施策を定めた規定（同第7条各号）をも根拠に、会場周辺で意見表明等を行う市民に対し、平和記念式典中の「厳粛」のために、拡声器の使用や音量について、あたかも条例上の義務であるかのように「理解」と「協力」を求めつつ、事実上の拡声器の使用禁止を迫ることとすら懸念される。

このことによる市民の表現行為に与える委縮効果は大きなものとなり、市民の表現の自由が制約されるおそれがある。

4 以上の理由により、当会は、広島市に対し、本条例案のうち、市民の役割（第5条）に関する「本市の平和の推進に関する施策に協力するとともに、」との文言及び平和記念式典の実施（第6条2項）に関する「市民の理解と協力の下に、厳粛の中で」との文言を改めるなどし、本条例案の制定によって、市民の表現の自由を制約しないよう求めるものである。

⑵「広島市平和の推進に関する条例（仮称）素案」に関し、市民の意見を取り入れつつ慎重かつ十分な審議を求める会長声明

２０２１年（令和３）６月11日
広島弁護士会会長　池上忍

第１　声明の趣旨

当会は、広島市議会に対し、現在、広島市議会政策立案検討会議が「広島市平和の推進に関する条例（仮称）素案」をほぼ原案どおりの内容で「広島市平和推進基本条例」として条例化するよう進めていることに強く抗議し、市民の意見を取り入れつつ慎重かつ十分な審議を求めるとともに、改めて、当会が本年2月12日に発した会長声明で指摘した問題点を十分に考慮のうえ、本条例案の修正等によって、市民の表現の自由を制約しないよう求める。

以上

第２　声明の理由

当会は、既に本年2月12日に発した会長声明で、広島市平和の推進に関する条例（仮称）素案において、広島市が実施する平和の推進に関する施策に協力する義務を市民に課していること（第5条）、また、同市が平和記念式典を「市民の理解と協力の下に、厳粛の中で」実施する旨を定めていること（第6条第2項）については、表現の自由を規制する根拠として機能しうることから賛同できない旨の意見を述べたところである。

その後、広島市議会内に設置された政策立案検討会議（以下、「検討会議」という）は、当会の意見を含め、広島市議会が募集したパブリックコメント（市民の意見）を「広島市平和の推進に関する条例（仮称）素案に対する市民意見募集に係る意見提出者数及び意見数」として取りまとめた。

しかしながら、検討会議においては、素案の修正などは全会一致を条件とする旨の申し合わせがあることを根拠として、多くの委員が、市への施策に異論を持つ市民もいる等のパブリックコメント（市民の意見）を考慮し、第5条の「市の施策に協力する」との部分を削る旨の修正提案に賛成したにもかかわらず、1人の委員の反対意見があることをもって従前の素案のまま上程されることになった。これでは、パブリックコメント（市民の意見）を求め、検討会議で議論がされた成果が反映されたとは到底いえない。また、当会が指摘した上記条例素案の各文言が表現の自由の規制根拠として機能しうることについても、そのような事態を回避するための方法や解釈に関する議論がなされた形跡は見当たらない。

繰り返しになるが、いかに第5条や第6条2項が訓示規定であり、市民に法的義務を課すものではないとしても、拡声器の利用やその他の表現方法等について現場で「理解と協力」を求められた際に、市民が訓示規定であることを指摘してこれを拒否することは困難である。そのため、当会は、本条例案の実際の運用の場面で、市民が、あたかもこれに従う義務があるかのように「理解と協力」を求められ、拡声器の使用禁止や音量抑制、デモ行進のルート変更など、表現行為の制限に服さざるを得なくなる事態が生じることを、強く危惧する。

以上より、当会は、広島市議会に対し、現在、広島市議会政策立案検討会議が「広島市平和の推進に関する条例（仮称）素案」に対する市民の意見を十分に考慮せず、審議を尽くさないまま、ほぼ原案どおりの内容で「広島市平和推進基本条例」として条例化するよう進めていることに強く抗議し、市民の意見を取り入れつつ慎重かつ十分な審議を求めるとともに、改めて、当会が本年2月12日に発した会長声明で指摘した問題点を十分に考慮のうえ、本条例案の修正等によって市民の表現の自由を制約しないよう求める。

以上

7　広島市議会に寄せられた市民・市民団体の意見（一部抜粋、明かな誤字脱字は編者が訂正済み）

・今の平和記念式典はこの定義にあてはまっているとお考えなのでしょうか？それとも逸脱しているというのでしょうか？もし逸脱しているとなれば、より具体的に厳粛の状態を明文化しておくべきです。（中略）個々の主観の入り込みやすい、解釈を巡って議論を残すような言葉を下手に条文に入れてしまえば、解釈をめぐって、その後大論争になります。

・広島は原子爆弾の被災都市という呪縛を離れて、非平和の根源を探り、平和のために広範な条件を追求し、それらに広範な視野をもって立ち向かう真の平和都市を目指すべきである。原子爆弾の悲惨さに拘泥した広島的原理主義は、東京を初めとする大空襲の被害者や沖縄の洞窟で火炎放射器に焼かれた被害者を思わず、今起こっている中東その他の戦場の無辜の犠牲者を思わず、平和を希求する普遍的理念から離れつつあると考える。

・この間の「平和」「核兵器反対」の名の下に、市民が望む反戦・反核とは真逆の施策（8・6拡声器規制条例制定の動きや「黒い雨」訴訟の控訴はその典型例です）が、松井市政の下で推し進められている状況を見ると、ますますその不安は加速します。その上で、かつて、この国を戦争に歩ませ、原爆投下まで引き起こした、国家至上主義の影さえ見え隠れしているのです。

・黙祷を捧げている間は無論、式典開始から終了までの間、拡声器等を用いての活動・行動は規制されて当然であると考えます。可能であれば、式典中の式典関係者・参加者以外の平和記念公園への入場規制もあって然るべきかと考えます。厳粛で静粛、静かな祈りを捧げる場を実現するための実効性のある条例制定を切望いたします。

・わざわざ「厳粛」という言葉を入れる必要性は何ですか？核兵器禁止条約に反対する首相の空疎な発言を静かに黙って聴いているのが「厳粛」ですか？むしろ、式典のあり方を巡っては、もっと被爆者や市民の意見を聞いて、よりいいものに改善していくことが大切なのではないですか。

・祈っているだけでは平和は来ません。式典を厳粛に行っただけでは平和は来ません。本当に平和を願うのなら、核を持つ国・持とうとする国には抗議しなければいけないし、戦争をしようとする権力者には、立ち向かわなければならないのです。今回の条例案は、そうやって立ち上がろうとする人たちを、押さえつけようという意図が感じられます。

・わざわざ『厳粛』を入れるその意図は何なのでしょうか。この間市民団体と広島市の間で協議されてきた『拡声器規制条例』の制定が困難となりつつある今、その代替として、核兵器廃絶に取り組まない政府への抗議の声を取り締まる手段として提案されたことが、この言葉の裏に透けて見えます。

・厳粛な式典とやらで世界の核はなくなりましたか。無くなってないじゃありませんか。

・8月6日の原爆ドーム前はまるで無法者達のお祭り広場じゃないですか。広島市は世界から全国から広島を初めて訪れる大切なお客様に大変な失礼をしています。私は広島市民、被爆三世としてとても恥ずかしい。（中略）被爆を印籠のように振りかざして金を無心する人たち。そういった人でなしの集団を広島の聖地から追い出して頂きたいと思います。

・〝人が話しているときは話し終わるまで黙って聴く〟ことは社会人として当然のことであり、子どもでもわかること。意見があれば別の機会に別の手段でやればいいだけのことです。広島市はこういった団体の意見に毅然とした態度で臨み屈することなく貫いてほしいです。最近は何かにつけて〝うるさい人間が言うがままのうるさい人間が得をする市政〟になっていると思います。市政に対して静かに従順な市民に光が当たるよう、この素案は是非このまま通してほしいです。

・平和記念式典等は静かな中で行なわれることは当然のこと。妨害的行動の団体があることも事実。ただ、大きな目標は同じ方向にあるように思う。条例で排除というのはどうでしょう。そのための条例を作ることが広島の恥のように思う。

・広島から被爆地の称号とカープを取ったら何も残らない。それはともかく、強制排除なさいよ。昔からいわれるように怒りの広島、祈りの長崎この姿勢がますます彼らを調子づけているのではないのですか？

・厳粛な式にしたいなら、核武装支持者や核保有国の要人は入れないようにしてください。心にもない追悼文を式典で読み上げるのは厳粛とは正反対の行為です。しかし、核武装支持者や核保有国の要人が、8月6日の広島で感じるものがあり、核廃絶を願うようになるのであれば、別です。

・第5条では、市民への強制感が気になります。特に、平和や市民活動は市民が主体的に行うもので、行政が主体性を努めさせるものではないかと理解しています。そのような意味から、第5条については、現在の文案ではなく、例えば「市民は、本市の平和の推進に関する施策に参画できるとともに、平和の推進に関する活動を主体的に行うことができる権利を有する。」というように、市民のエンパワメントを高める役割を設けてはいかがでしょうか。

・毎年平和記念式典の最中に行われるデモには閉口

しています。一緒に見ていた高校生の口からも「なぜ誰も止めないのか」とため息とともに言葉が漏れていました。広島市民のほとんどの人はあの光景をよく思っていません。お願いですからあのデモをやめさせてください。お願いします。広島市民として情けないし恥ずかしいです。

・前文の最後を「私たち広島市民は～この条例を制定する」という段落で締めくくっているが、これを読んで広島市民として「自分たちの条例である」と感じる人が何人いるだろうか。政策立案検討会議は昨年6月から公開の場で議論をし、市民意見を聞いているとしている。パンデミックのさなか、生活に追われる市民に、本当の意味で公開し、条例を提示して意見を聴いたと市議会は言えるのだろうか。もっと丁寧に広島市民の声を聴き、対話を重ねてほしい。

・核兵器廃絶を訴え続けてきた日本でありながら核兵器禁止条約に参加しないという事態は国内のみならず、世界的に見ても「国としての在り方」に疑問を持たれることとなるでしょう。世界で唯一の被爆国であり、被爆地の広島市としては「核」の脅威があり続ける限り世界に向けて「絶対に無くさねばならない」というメッセージを発信し続けねばならないと考えます。よって本条例に賛同いたします。

・条文中の「平和記念日」を「広島原爆の日」に改める。（理由）8月6日を「平和記念日」と唱えることにはどうしても容認できない。誤解を招くおそれすらある。「原爆の日」以外の何日でもない。素案でも最も反対する事項である。「反核の日」とする案も提示したい。何らかの理由で平和キネン日の表記がどうしても必要なのであれば、「広島原爆の日、平和祈念日」と一字変えて並記してほしい。

・「厳粛」という言葉には違和感があります。8月6日は、さまざまな人々がさまざまな形で追悼できるような環境を整えることが市の役割だと思います。さまざまな活動を尊重し配慮することが大事ではありますが、「厳粛」というと、ある一定の行動を取らないと「厳粛」な行為とはみなされず、条例違反として罰せられる可能性が出てくるのではないでしょうか。（中略）暴力行為などが発生しないようにするために、「平和」の定義をしっかり示せば、差別的言動や暴力行為を許さない姿勢を条例として示すことができると思います。

・条例に賛成致します。VIPの方々の声が聞こえない時もあり、他の国の要人に恥ずかしいので。

・8月6日は、原爆により亡くなられた人々の御霊を供養しようと世界の人々が広島市に気持ちを寄せたり、訪れたりしています。しかしながら、実際には、左翼と呼ばれる方々でしょうか、拡声器を使うなどして大きな声を発し、安らかに眠られている御霊と、その御霊を供養しようと集まって来られる人々の気持ちを逆なでするように、本来あるべき静粛な時間と空間を破壊しています。こんなことが許されていいのでしょうか。このままでは、日本国民が異常であるとの誤った認識を世界に拡散することにもなりかねません。

・条例を作らないと実現できないことが規定されていません。単に条例を作って満足なら作らないほうがいいと思います。被爆体験の承継という重要な事項を空虚な理念条例としてはいけません。

・平和式典を厳粛に行うことを、死者が喜ぶでしょうか。原爆によって自分の夢も希望も未来も、家族も全ての大切なものを奪われた死者の想いは、被爆者の方々と同じく怒りではないですか。それを表現することの制限を、広島市がやっていいこととは思えません。

・「平和」や「核兵器廃絶」が決まり文句のように多用され、真に具体的な取り組みを進展させようとする気概や知恵（が絞られたこと）が感じられない。条例づくりには賛同します。しかし、十分に開かれた議論を市民と行い、ともに、広島が発する条例―それは世界へのメッセージでもあります―を作っていきましょう。

・私は広島・長崎は元より、沖縄の戦没者慰霊の日も実際に現地を訪れ、静かな祈りを捧げている一国民です。ここ最近、本当に慰霊の気持ちがあるのか定かではない様な人々や団体が、式典会場の周辺に出没し、「反原発」「9条守れ」「安倍政治を許さない」などと拡声器で叫び、政府要人には罵声を浴びせ、私達が不愉快な表情でも見せようものなら、威嚇して来る始末です。慰霊式典は主義主張を発言する言論の場ではありません。その手の意見はもっと相応しい時間と場所で、思う存分発言なされば宜しいでしょう。

8　広島平和記念都市建設法

（1949年8月6日法律　第219号）

（目的）

第1条　この法律は、恒久の平和を誠実に実現しようとする理想の象徴として、広島市を平和記念都市として建設することを目的とする。

（計画及び事業）

第2条　広島平和記念都市を建設する特別都市計画（以下平和記念都市建設計画という。）は、都市計画法（昭和43年法律第100号）第4条第1項に定める都市計画の外、恒久の平和を記念すべき施設その他平和記念都市としてふさわしい文化的施設の計画を含むものとする。
2　広島平和記念都市を建設する特別都市計画事業(以下平和記念都市建設事業という。)は、平和記念都市建設計画を実施するものとする。

(事業の援助)
第3条　国及び地方公共団体の関係諸機関は、平和記念都市建設事業が、第1条の目的にてらし重要な意義をもつことを考え、その事業の促進と完成とにできる限りの援助を与えなければならない。

(特別の助成)
第4条　国は、平和記念都市建設事業の用に供するために必要があると認める場合においては、国有財産法(昭和23年法律第73号)第28条の規定にかかわらず、その事業の執行に要する費用を負担する公共団体に対し、普通財産を譲与することができる。

(報告)
第5条　平和記念都市建設事業の執行者は、その事業が速やかに完成するように努め、少なくとも六箇月ごとに、国土交通大臣にその進捗状況を報告しなければならない。
2　内閣総理大臣は、毎年1回国会に対し、平和記念都市建設事業の状況を報告しなければならない。

(広島市長の責務)
第6条　広島市の市長は、その住民の協力及び関係諸機関の援助により、広島平和記念都市を完成することについて、不断の活動をしなければならない。

(法律の適用)
第7条　平和記念都市建設計画及び平和記念都市建設事業については、この法律に特別の定がある場合を除く外、都市計画法の適用があるものとする。

附則（抄）

1　この法律は、公布の日から施行する。

（編者付記）

この法律の提案者（山本久雄衆議院議員）による「提案の理由」の説明（1949年5月11日衆議院会議録26号374〜375頁）を抜粋・紹介する。

①「広島市の戦災は世界史的意義をもつているのであるから、これに対して国家の国際的措置が必要である」

②世界の各地から、広島市を「世界平和の発祥地として築きあげようという熱烈なる輿論が澎湃として起つている」

③「憲法により、戦争を放棄したわが国が、その記念事業として、戦争により壊滅した廃墟の上に、世界恒久平和のシンボルとして、全然性格のかわつた、新しい平和記念都市を建設することは、きわめて意義深い事業であり、それによつて国際信義を高揚すること多大なるものがある」

④「広島市を平和記念都市として建設するためには、国家の特別の指導と監督のもとにこれが実施されなければならない」

「平和都市」ヒロシマのまがりかど

-広島市平和推進基本条例の制定過程を検証する-

2024年12月7日　初版第一刷発行

著者　宮崎園子 田村和之 金子哲夫 本田博利 向井均 橋本和正 渡部久仁子 湯浅正恵

発行者　内山正之
発行所　株式会社西日本出版社
〒564-0044
大阪府吹田市南金田1-8-25-402

営業・受注センター　〒564-0044
大阪府吹田市南金田1- 11- 11-202
TEL 06-6338-3078　FAX 06-6310-7057
郵便振替口座番号　00980-4-181121
Webサイト　http://www.jimotonohon.com/

編集　西日本出版社
装丁　大道寺ダニカ
印刷製本　光邦

　ISBN978-4-908443-91-6